品牌营销

新零售时代品牌运营
BRAND OPERATION AND PROMOTION STRATEGY

官税冬 编著

化学工业出版社

·北京·

《品牌营销：新零售时代品牌运营》从品牌的构成、建立、宣传、维持、创新等方面分析如何进行品牌营销，并从营销模式及渠道、大数据时代新零售品牌运营视角，结合当今成功范例，详细概述新零售时代品牌运营的现状、过程、意识、思维、创意等，为大数据背景下的新零售时代的品牌运营带来了很有借鉴性的启示、策略和战术。

图书在版编目（CIP）数据

品牌营销：新零售时代品牌运营/官税冬编著．—北京：化学工业出版社，2018.12（2023.4重印）
ISBN 978-7-122-33115-1

Ⅰ．①品… Ⅱ．①官… Ⅲ．①品牌营销 Ⅳ．①F713.3

中国版本图书馆CIP数据核字（2018）第230390号

责任编辑：刘　丹　　　　　　　　　装帧设计：王晓宇
责任校对：王素芹

出版发行：化学工业出版社（北京市东城区青年湖南街13号　邮政编码100011）
印　　装：三河市延风印装有限公司
710mm×1000mm　1/16　印张15　字数209千字　2023年4月北京第1版第5次印刷

购书咨询：010-64518888　　　　　　售后服务：010-64518899
网　　址：http://www.cip.com.cn
凡购买本书，如有缺损质量问题，本社销售中心负责调换。

定　价：59.00元　　　　　　　　　　　　　　　　版权所有　违者必究

前言

你眼中迪士尼的品牌印象是什么？1000个人的心中有1000个哈姆雷特，品牌也是这样，1000个人有1000个对于迪士尼品牌印象的答案。品牌就是这样，在消费者眼中有太多的不确定性。提到品牌，很多品牌从业者都把"品牌"与"品牌营销"混为一谈。其实品牌和营销是两回事，很多品牌从业者之所以做不好品牌，核心的问题就是用营销思维在做品牌，而不是以品牌思维来服务品牌。

实际上，营销是一种消费行为，是要用最少的钱达到最好的收益，付出营销费用后就需要马上得到回报。举个例子：一个咖啡品牌在刚做市场的时候，拿出几个亿投广告，引流量，自然，"烧钱"后都可以直接看到效果，似乎花钱越多，曝光越多，得到转化也越多。

而品牌是一种投资行为，是长期的价值投资，能够带来品牌溢价和市场优势。当然，投资是有滞后效应的，不能用单一指标去衡量品牌的投入，所以我们需要耐心等待，不计得失，专注于做品牌。

特别是在大众创新、万物互联的时代，品牌越来越在现代企业管理中起到重要的作用，同时我们在面对新零售大趋势的背景下，很多企业都在面临传统行业转型或新兴产业的创新，但是品牌工作要做好，必须站在创始人高度，从企业战略层面出发指导品牌建设，所以做品牌与其更好，不如不同。

当我们面对盒马鲜生、超级物种、世界港等新零售业态的崛起，我们怎样在三多（多业态融合、多场景覆盖、多流量共享）的场景下构建品牌和营销的植入呢？我们需要做的就是对消费者进行研究，当所有的消费现象跟行为实际上都跟人的行为相关时，研究消费本质上就是研究人。

如今，在中国北上广一线城市处在第三消费时代向第四消费时代的演化过程，很多二线城市可能还在第三消费时代，而三四线城市可能还在第二消费时代，未来的一种重要的新零售机会是向三四线甚至五六线城市走。所以在这个过程中，品牌就需要不断地迭代自己，去适应所有的新渠道。服务型零售在未来的特征就是品类差异化、业态提效、场景式的体验来获取新的流量和客流。

在当下快速进化的世界里，从0到1的创新和创造并不是唯一选择，我将通过本书传递给从事品牌工作的小伙伴们，指导大家在新零售大趋势背景下以品牌思维、品牌战略、品牌战术三大指标作为行动指南，告诉大家在品牌和营销工作过程中不要跳进去的"坑"。

由于笔者能力有限，书中难免疏漏，恳请读者批评指正。

笔　者

目录

基础篇　品牌知识大盘点

第1章　新零售时代下的品牌论　　1

1.1　传统营销模式的"水土不服"　　2
　　1.1.1　关于品牌意识的思考　　3
　　1.1.2　传统4P营销理论需要升级　　5
　　1.1.3　不仅仅是4P的诱因，4C也很重要　　10
　　1.1.4　4E营销理论成新趋势　　13
　　1.1.5　我们能从西贝身上学来什么　　15

1.2　品牌营销的本质与新趋势　　16
　　1.2.1　新时期品牌最有用的3个定义　　17
　　1.2.2　一切都是为了降低成本　　18

1.3　品牌菜鸟如何建立品牌思维力　　21
　　1.3.1　品牌学习不要碎片化，要体系化　　22
　　1.3.2　将品牌知识转换到行动思考　　26
　　1.3.3　好奇心害不死猫，这是做品牌的天分　　28
　　1.3.4　练习同理心，修炼情商　　29
　　1.3.5　练习观察力，培养品牌感觉　　30

1.4　避开99%营销人都会犯的两点错误　　31
　　1.4.1　营销只是广告和传播吗？　　31
　　1.4.2　只有市场部该对营销负责吗？　　32

运营篇　新零售时代品牌运营实战技巧

第2章　快速构建品牌8步走　　35

2.1　找准定位　　36
- 2.1.1　品牌定位的4个基本原则　　38
- 2.1.2　优秀品牌定位4种策略　　39
- 2.1.3　品牌定位要重点避开的误区　　41

2.2　打造好产品　　42
- 2.2.1　建立产品认知，知道产品是干什么的　　43
- 2.2.2　打造产品美誉，知道质量是No.1　　44
- 2.2.3　塑造产品个性，知道产品有所为有所不为　　45
- 2.2.4　明确产品价值，知道产品能干什么　　46
- 2.2.5　稳健产品结构，巩固品牌地位　　46

2.3　定个好价格　　51
- 2.3.1　新产品定价　　51
- 2.3.2　组合定价　　53
- 2.3.3　差别定价　　55
- 2.3.4　心理定价　　56
- 2.3.5　地区定价　　58
- 2.3.6　折扣定价　　59

2.4　性价比最优化配置资源　　62
- 2.4.1　零成本做品牌都是异想天开，高品牌需要适当的高投入　　62
- 2.4.2　如何正确配置资源打响品牌　　63
- 2.4.3　军事思维与构建品牌的共通点　　64

2.5　讲一个好故事　　65
- 2.5.1　故事：传播的最好形式　　65
- 2.5.2　如何讲好一个故事　　66
- 2.5.3　一个理想主义者的创业故事　　67

2.6　放烟花：让全世界看到你的美　　68
- 2.6.1　集中一段时间全面曝光　　68

	2.6.2 事件营销的优与劣	69
	2.6.3 史玉柱是这样做火脑白金的	71
2.7	赢得认同，占领心智	72
	2.7.1 降低用户的决策成本	72
	2.7.2 从小米手机到小米之家	73
2.8	重复：品牌是沉淀出来的	73
	2.8.1 过度依赖营销是饮鸩止渴	73
	2.8.2 为什么周黑鸭没有生在北上广	74

第3章 如何让受众快速记住你的品牌　　76

3.1	品牌传播背后的心理学	77
	3.1.1 人们最容易记住什么？	77
	3.1.2 视觉锤概念的风靡	79
	3.1.3 先取一个朗朗上口的名字	80
3.2	让品牌容易记住的10种视觉表达	82
	3.2.1 简洁的图形	82
	3.2.2 独有的颜色	83
	3.2.3 具象化的产品	84
	3.2.4 特殊的包装	84
	3.2.5 动态表达	87
	3.2.6 创始人做吉祥物	87
	3.2.7 常用符号特殊化	88
	3.2.8 名人代言	89
	3.2.9 把动物人格化	90
	3.2.10 尊重积累的力量	91
3.3	如何写出高传播性的广告语	92
	3.3.1 广告语的3个作用与常识	93
	3.3.2 准确表达品牌定位	94
	3.3.3 再短的广告语也要充满"诱因"	95
	3.3.4 用数字说话	97
	3.3.5 勾起消费者底层情感	98

第4章　品牌如何高效地将自己推广出去　　101

4.1　搞定消费者之前要了解消费者　　102
- 4.1.1　大众消费者挖的是底层需求　　102
- 4.1.2　企业如何快速找到目标消费者　　103
- 4.1.3　品牌推广是对消费者大脑的投资　　104
- 4.1.4　不要让我思考　　104
- 4.1.5　怎样搞定二八定律中的不同消费者　　105
- 4.1.6　挖掘企业的超级消费者的关键点　　106

4.2　品牌广告策略的制定　　107
- 4.2.1　品牌广告策略的基本框架　　107
- 4.2.2　线上推广渠道的选择　　107
- 4.2.3　线下、电视广告依然重要　　108
- 4.2.4　怎样降低广告费成本　　109
- 4.2.5　广告广泛投放前要做试点检验　　110
- 4.2.6　明星效应到底有多大？　　111
- 4.2.7　线上数据和线下数据挖掘的数据分析法则　　112
- 4.2.8　DSP购买是企业策略制定的关键点吗？　　113

4.3　不可忽视的品牌调研　　114
- 4.3.1　品牌调研要线上线下兼顾　　114
- 4.3.2　品牌调研要重点关注的7点内容　　115
- 4.3.3　调研一定要避免的四大陷阱　　116
- 4.3.4　数据背后的消费者深度沟通　　117
- 4.3.5　企业高层参与消费者调研的影响力　　118

第5章　如何让产品自带品牌传播属性　　119

5.1　产品是免费的传播渠道　　120
- 5.1.1　产品自传播省下百万营销预算　　120
- 5.1.2　糕先生：自传播成就的糕点品牌　　121

5.2　如何实现产品自传播　　122
- 5.2.1　自传播需满足的4个前提　　123

5.2.2　形成产品自传播的8种策略　　　　　　　　　　124
　　　5.2.3　APP自传播的4种实战方法　　　　　　　　　　126
5.3　强化产品体验的3种方法　　　　　　　　　　　　　　128
　　　5.3.1　有一套专属的仪式感程序　　　　　　　　　　128
　　　5.3.2　开箱照的6种触发策略　　　　　　　　　　　130
5.4　拥有爆款潜质的"特殊"手段　　　　　　　　　　　　131
　　　5.4.1　让高手将产品玩出专业感　　　　　　　　　　131
　　　5.4.2　设置极端考验，突出产品特性　　　　　　　　132
　　　5.4.3　运用科技，变抽象为实景　　　　　　　　　　133
　　　5.4.4　江小白＋同道大叔，玩转品牌与IP联合营销　　134

第6章　把消费者当作传播者的品牌营销思维　　　**136**

6.1　将消费者转变为传播者　　　　　　　　　　　　　　137
　　　6.1.1　消费者其实是4种角色　　　　　　　　　　　137
　　　6.1.2　口碑从尖叫中产生　　　　　　　　　　　　　140
　　　6.1.3　从消费者出发的4个营销角度　　　　　　　　141
6.2　怎样让消费者自愿为产品宣传　　　　　　　　　　　142
　　　6.2.1　将品牌打造为IP　　　　　　　　　　　　　　143
　　　6.2.2　传播载体要娱乐化　　　　　　　　　　　　　145
　　　6.2.3　内容有代入感　　　　　　　　　　　　　　　146
　　　6.2.4　告知优势不如感知惊喜　　　　　　　　　　　147
6.3　创造影响受众选择的机制　　　　　　　　　　　　　150
　　　6.3.1　让大脑无法过滤　　　　　　　　　　　　　　150
　　　6.3.2　大脑的认知　　　　　　　　　　　　　　　　152
　　　6.3.3　熟知并保持惊喜　　　　　　　　　　　　　　154
6.4　为用户营造"美妙感觉"　　　　　　　　　　　　　155
　　　6.4.1　解决选择困难症　　　　　　　　　　　　　　156
　　　6.4.2　带去聪明、幸运的感觉　　　　　　　　　　　157
　　　6.4.3　不要无可比拟　　　　　　　　　　　　　　　158
6.5　情绪时代的情绪营销　　　　　　　　　　　　　　　159

	6.5.1	情绪化与感性决定	159
	6.5.2	不同情绪对消费者的唤醒作用	160
	6.5.3	如何巧妙点燃情绪之火	161
6.6	社群营销才是未来	162
	6.6.1	社群营销、社会化营销、社区营销傻傻分不清	163
	6.6.2	社群思维疯传的六原则	165
	6.6.3	大群效应向小群效应的营销改变	168
	6.6.4	社群营销离不开四个维度	170
	6.6.5	罗辑思维何以迅速崛起	171

第7章 如何写出优秀的营销文案　　173

7.1	好文案能带来真金白银	174
	7.1.1	小文案大作用	174
	7.1.2	文案所必须包含的几种元素	175
	7.1.3	创作一篇优质文案的6个诀窍	176
7.2	常见文案类型及相应写作技巧	179
	7.2.1	宣传广告文案	179
	7.2.2	产品方案	181
	7.2.3	宣传单页	183
	7.2.4	宣传手册	184
	7.2.5	产品说明书	186
	7.2.6	各类软文	187
7.3	借助IP与品牌玩转联合营销	189
	7.3.1	明确品牌定位，品牌理念与IP要契合	189
	7.3.2	摆脱"无聊生硬"植入，以创意吸引观众	190
	7.3.3	内容为王，让品牌与IP在内容上建立强关联	191
	7.3.4	谷粒多+吾皇万睡：让剁手党们唤醒品牌调性	193
7.4	那些靠文案起家并大火的品牌	195
	7.4.1	创作文案的关键法则	195
	7.4.2	喜文案、丧文案带来的品牌传播	197
	7.4.3	刷屏朋友圈的乐纯酸奶	198

第8章 如何组建强执行力的营销团队 — 200

8.1 怎样组建一支优秀的营销团队 — 201
- 8.1.1 起步阶段没钱时如何吸引人才 — 201
- 8.1.2 良好学习环境的搭建 — 203
- 8.1.3 如何留住人才 — 205

8.2 打造团队执行力4步走 — 207
- 8.2.1 "智商、情商、反脆弱"论管理 — 207
- 8.2.2 完善奖惩制度 — 208
- 8.2.3 霍桑实验 — 209
- 8.2.4 良好沟通必不可少 — 210

8.3 阿里销售铁军如何炼成 — 212
- 8.3.1 为什么阿里铁军如此受马云欣赏 — 212
- 8.3.2 阿里铁军的9大信条 — 214

进阶篇 品牌人素质提升

第9章 一个品牌人的自我修养 — 217

9.1 品牌人需具备的技能 — 218
- 9.1.1 基础能力 — 218
- 9.1.2 专业知识 — 219
- 9.1.3 专业技能 — 220
- 9.1.4 高阶技能 — 221

9.2 品牌营销人的自我修养 — 222
- 9.2.1 永远保持对数据的敏感性 — 222
- 9.2.2 永远有B方案 — 224
- 9.2.3 永远追求细节创新 — 224

9.3 懂点心理学更好做品牌 — 225
- 9.3.1 从心理学角度出发诠释消费者习惯 — 226
- 9.3.2 心理学传播的销售效应 — 226

基础篇

品牌知识大盘点

第1章
新零售时代下的品牌论

品牌营销：新零售时代品牌运营

BRAND

自"新零售"的概念被提出之后，各方势力都在不断加持，比如阿里、京东、美团，都在布局新零售。新零售其实就是人、货、场的重构，本质是"线上线下同品同质同价"，新零售改变了行业特点、优化了体验，让大数据、物联网等技术应用落地。如今，新零售在其本身所囊括的能力以及后发优势等方面，都远比电商时代更猛烈。毫不夸张地说，新零售时代正在成为后互联网时代一个全新的发展模式。

在新零售时代，品牌更是企业发展不可或缺的一部分。那么，什么是品牌？很多人都会说品牌是产品，品牌是符号，品牌是商标，品牌是名字等。其实，品牌的含义有很多，也有很多品牌类书籍对品牌做了很好的诠释。每一个品牌，都应该有一个品牌核心，都应该有一个符号，都应该有一个品牌故事，让消费者能够识别、喜欢、分享。通俗点来讲，成功的品牌就是即使包装上没有logo，你也会想起那个名字。本章具体讲新零售时代下的品牌内涵、品牌意识、品牌营销的本质以及品牌思维等方面的内容。

1.1 传统营销模式的"水土不服"

在线下实体店遭受重创的同时，我国的电商网络零售增长率也明显下滑。其中，线下实体零售企业面临租金、人力、税费等高成本以及电商蚕食市场等问题；线上电商则面临着网购人口的红利基本耗尽、顾客缺乏购物体验、获客成本高、货品质量难以保证、产品同质化等问题。整个零售市场竞争日益激烈，零售业急需转型变革。

面对以上僵局，传统的4P营销理论已经难以生存，传统的营销模式，如代理商营销模式、经销商（分销商）营销模式、直营模式等，势必也会逐渐被淘汰。企业如果不改变传统的营销模式是很难走下去的，甚至还会面临被淘汰的结局。为了解决传统营销模式"水土不服"的现象，2016年阿里巴巴首次提出了"新零售"的概念。

新零售的官方定义："新零售即企业以互联网为依托，通过运用大数据、人工智能等先进技术手段，对商品的生产、流通与销售过程进行升级改造，进而重塑业态结构与生态圈，并对线上服务、线下体验以及现代物流进行深度融合的零售新模式。"

可见,"新零售"构造了新的价值链营销模式:一是逆向生产,通过大数据挖掘消费者需求,指导产品的研发生产;二是重构供应链,优化供应链结构,降低运营成本,提升顾客体验;三是通过门店互联网化、体验智能化,实现精准营销。在阿里系与腾讯系两大模式的推动下,新零售推动着零售企业的飞速转型,各类企业的成功营销案例如雨后春笋般涌现。

1.1.1 关于品牌意识的思考

新零售时代企业的升级转换,离不开品牌的打造和运营。品牌作为一个企业传递理念的载体和核心,在企业运营中占据至关重要的地位。所以,无论是企业还是品牌营销人员要想脱颖而出,必须从品牌意识、品牌思维、品牌策略和品牌战术四个维度做好品牌运营。

在四个维度(见图1-1)中,对于很多新人来说,品牌意识比其他3个维度都重要,在很多品牌书籍里,很少提及如何培养品牌意识的思维,下面先帮助从事品牌工作的伙伴们重点梳理一下第一个维度——品牌意识。

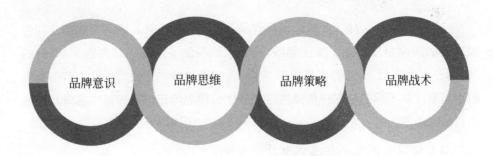

图1-1 品牌运营的四个维度

培养品牌意识,最好遵循"望闻问切"4个原则。

1. 望诊:用"眼"看

你到新公司工作,具备品牌意识的体现是你要能主动发现公司以下4个方面的内容。

（1）品牌战略是什么？

根据公司的企业发展，搞清楚公司的品牌战略是单品牌战略（例如宝马）、多品牌战略（如宝洁）、独立品牌战略（如雷克萨斯），还是主副品牌战略（如海尔），搞清楚这个问题是你对于公司品牌战略的第一意识。

（2）品牌传播渠道是什么？

了解一下公司的品牌传播渠道是否包括以下几种。

① 社群建立，如QQ群、微信群、微博群、淘宝群、支付宝群等；

② 自媒体，如微信、微博以及其他自媒体（头条号、搜狐号、百家号、大风号、一点号、封面新闻、大鱼号、企鹅号、网易号、界面新闻和支付宝）等社交平台的自传播渠道；

③ 短视频，如抖音、快手、火山小视频、西瓜视频等；

④ 百度矩阵，如百度知道、百度问答、百度百科、百度关键词等；

⑤ 问答类平台，如知乎、悟空问答、百度贴吧等；

⑥ 其他渠道，包括行业论坛、KOL合作、公关软文、公司官网、媒介投放渠道、地推活动、微信群等在传播渠道方面是否全部打通。

（3）品牌的内容和风格是什么？

新人到公司后，除了了解公司品牌是否全渠道传播外，还需要知道公司传播内容的风格是厚重的（集团品牌内容）、活泼的（产品品牌内容）、稳健的（营销节点内容）、卡通的（公司IP内容），还是内敛的（公司内部内容）？同时也需要注意不同的公司在传播内容上除了公司品牌定位的传播内容外，创始人和品牌负责人的个人性格（个人IP内容）也与传播内容的风格有很大关系。

（4）部门员工对品牌意识有什么影响？

企业的整体品牌工作是团队共同完成的，每个岗位都离不开协同。如果你刚入职一家公司，你首先要了解部门伙伴的岗位职责，同时在沟通中清楚了解伙伴们对于公司品牌技术战打法的认知层面，他们对于公司的品牌意识是什么思路？因此，当你加入某个团队后，首先要做的就是与新媒体岗位的伙伴沟通，了解他们对新媒体岗位的认知，他们在常规地做新媒体编辑内容之外，是否清晰了解新媒体后端功能的技术玩法，是否能够掌握事件营销，同时需要了解平时他们会去关注哪些公众号或者APP。

2. 闻诊：闻就是用耳朵听，用鼻子闻

听什么：要学会"聆听"，聆听品牌传达给消费者的声音，消费者是否知道，消费者是否有反馈，消费者是否认同。

闻什么：闻品牌的味道，从品牌知名度、品牌美誉度、品牌忠诚度三方面去考量你的企业是否全方位具备。

3. 问诊：多问

刚入职的新人无论是高管、中层还是基层员工都对公司品牌的战略和战术很陌生，要快速融入团队的唯一方法就是多问。

例如，你是一个高管，加入新的品牌市场团队后，你要先弄明白部门的岗位架构，多多询问每位同事他们对于岗位职责的看法（其实，很多从事品牌工作的员工对于KPI都有自己的看法）和个人目标期许。同时清楚他们针对岗位特性的学习方法和学习计划，这些都是你在管理整个团队的时候，快速进入角色的方法。

4. 切诊：查漏补缺

这是很重要的一个环节，在你具备"望闻问"的品牌意识后，你就能发现整个品牌营销过程中具体哪些环节出现遗漏，哪些渠道你没有做到，你的品牌传播内容是否和企业发展的品牌思路统一，你的品牌传播触点是否能够被穿透，消费者是否认同你现在做的品牌工作（消费者沟通）等，这样你才有可能马上进入轨道开展品牌工作。

以上"望闻问切"四原则是笔者多年从事品牌工作总结的培养品牌意识的经验，对品牌新人应该会很有帮助。当我们具有品牌意识之后，品牌思维、品牌策略和品牌战术这3个维度的实施才有意义，也能少走很多弯路。

1.1.2 传统4P营销理论需要升级

新零售时代下的营销，是以消费者为中心，以新技术为驱动。具体来说，新零售在互联网的奠基下，通过大数据分析等先进的科学技术手段，强化品牌对消费者需求的洞察和挖掘，然后让品牌围绕消费者体验至上这个核心，对品牌、产品设计规划、设计开发、生产、流通以及最后线上线下全渠道销售过程进行改造和升级，进而重塑业态结构与生态圈，并将线上服务和线下体验与新零售模式相融合。对商品生产、流通与销售过程进行升级改造，进而重构零售业态结构及生态圈，并融合线上、线下零售服务体验，以满足消费者的消费升级需求。

在当前的营销形式下，传统模式的4P营销理论有时已经不能满足各个方面都在升级的企业现状，这些企业急需新的品牌论帮助自身转型升级。

传统的4P营销理论被归结为4个基本策略的组合，即产品（Product）、价格（Price）、渠道（Place）和促销（Promotion），由于这四个词的英文字头都是P，再加上策略（Strategy），所以简称为4Ps或者4P，如图1-2所示。

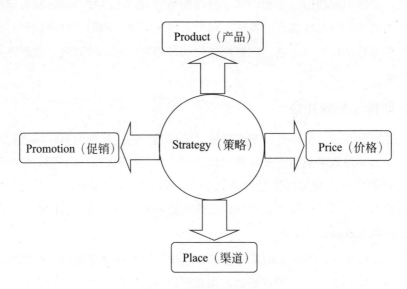

图1-2　4P营销理论组合

对于4P营销理论来说，在品牌战术使用中，4P并不是要全部使用，今天给大家讲解的是，通过运用4P中的1P也可以很好地开展品牌战术。

1. 产品

注重产品的功能，开发产品时要把产品的功能诉求放在第一位，并突出产品独特的卖点。我们试想一下，苹果公司当时推出的新产品iPod和iPhone是不是产品的变革？当时，iPod和iPhone进入市场的价格比其他的同类设备贵，只能在网络上预定，而且没有任何折扣。苹果公司这种策略就是抓住了4P中的1P——产品，只有一件产品做得好也能大获成功，而这个产品要能在设计、功能、革新以及速度方面有独特的优势。

2. 价格

根据不同的市场定位，制定不同的价格策略，产品的定价依据企业的品牌战略，注重品牌的含金量。有的时候，如果只是单纯地以价格为优势，也可以成功，这点在大型超市的运营中非常有效，比如沃尔玛、大润发等超市，运用超级大卖场万种SKU（Stock Keeping Unit，库存量单位）的种类，每日最低价，条码随时调整，统一低价价格，是其赢得市场的法宝。

3. 渠道

企业并不直接面对消费者，而是注重经销商的培育和销售网络的建立，企业与消费者的联系是通过分销商进行的。试想，我们原来买过的东西，只能在商家指定的一个通路渠道上购买，比如苹果、戴尔、小米手机等，他们依靠单一的零售通路胜出。例如，当年戴尔电脑的销售方法：顾客→销售网页→戴尔电脑→组装PC电脑→运送→顾客，这种销售方法只是一种短期的营销战术，慢慢地还要在全渠道进行扩展。

4. 促销

很多人将Promotion理解为狭义的、单纯的"促销"，其实这种理解是很片面的。Promotion不仅仅是包括品牌宣传（广告）、公关、促销等一系列的营销行为，甚至也包括和消费者之间的互动沟通和以消费者为核心的沟通。

促销在4P营销理论中是最重要的，也是用得最多的。这里我们举一个例子详细说明"促销"的重要性。如果你开了一家咖啡店，你的咖啡店里有精美的装修、有聪慧的店员、有新鲜的咖啡豆、有良好的地段，而且价格也不贵，还可以为消费者进行打包服务。但是，经营一段时间之后，可能你会发现你的生意并没有预期的好。为什么你的消费者不上门，原因在哪里呢？

很大的可能是没有把促销做到位。仔细想想，咖啡店的经典品牌星巴克也是经常做促销的,经常会有折扣、交换、买二送一、免费赠品、积分兑换等促销形式。因此,促销做得好是非常重要的。

除了促销之外,我们还可以运用4C理论吸引更多消费者,在后面章节我们会对此进行详细讲述,这里先不做过多介绍。

当然,以上的1P运用并不是在任何行业都可以获得成功,还是要根据自己所在行业的特性,熟练地将4P中的1P运用到品牌营销战术中。

在4P营销理论的基础上,《营销管理(第十四版)》提出了结合社会化媒体的新4P理论。新的4P理论则是随着社会媒体的发展和时代的进步,营销人和营销学学者反思的结果。新4P理论包括:意义(Purpose)、参与(Presence)、接近(Proximity)和合作(Partnership),如图1-3所示。作为在原4P的基础上发展出来的新4P理论,它在某种程度上是对原4P理论结合社会化媒体蓬勃发展现状的改良。

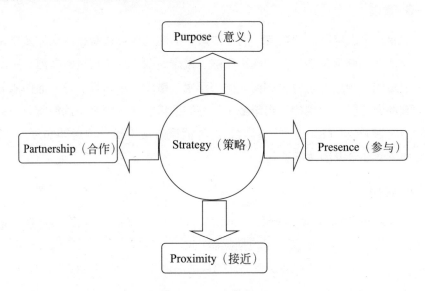

图1-3 新4P营销组合

1. 意义(Purpose)

意义是传统4P理论中价格的升级,它是指根据事物带来的价值来定义事物,而不能仅仅根据其价格定义。企业在定价时不仅要衡量产品的物理价值,还要衡量产品能给消费者带来的附加的心理价值及文化价值等潜在价值。

2. 参与（Presence）

参与是产品的推广需要结合发展越来越迅速的社会化媒体，企业可以将传统的促销方式和现代的社会化媒体结合在一起，采取多种方式进行营销推广。

3. 接近（Proximity）

接近指的是将企业通过现代化媒体与消费者保持紧密联系，科技进步带来了各种媒体方式的进步，这使企业大大缩小了和消费者之间的距离。

4. 合作（Partnership）

虽然是一个屡见不鲜的话题和策略，但是面对社会化媒体带来的机遇挑战，企业加强其内部和外部合作是使一个品牌取得胜利成果的法宝。

在新零售时代，我们结合4P理论和新4P理论思考就能发现，新4P理论更多的是结合了社会化媒体的一种改变。但是与4P理论相比，新4P理论涉及的层面不够宽广，没有涉及"产品"这一个环节，对于渠道和促销的理解也只是结合社会化媒体展开，没能做一个更加全面的升级和改良。

但是新4P在某种程度上也有值得我们借鉴学习的地方，作为新零售企业，我们应当重视社会化媒体的力量，明确定价时要明确产品能够为消费者带来的价值，利用新媒体和消费者紧密交流，同时重视企业内外的合作。

除了新4P理论以外，新零售时代下的营销思维也发生了变化，即从产品营销上升到附加价值营销。营销思维变化示意图，如图1-4所示。

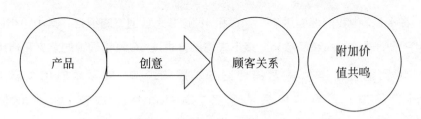

图1-4　营销思维变化示意图

如今，新的营销组合也逐步发展起来了，比如，4Cs（包括消费者Customer、成本Cost、便利Convenience和沟通Communication，简称4C），4Rs（包括关联Relevance、反应Reaction、关系Relationship和回

报 Reward，简称4R）等，极大丰富了现有的营销理论。

那么从4P到4C，再到4R的营销思维变化过程中体现了哪些变化和进步呢？

4P营销组合是一种产品策略组合，也就是为满足顾客需要设计产品的功能、产品的品质标准、产品的特性、包装设计、产品的品牌与商标、销售服务、质量保证的策略。同时也包括产品生命周期中各阶段的策略等。

而4C营销组合则是顾客组合，强调企业从顾客的需求和利益出发的营销组合，实际上就是在产品开发的基础上，企业应当更注重消费者的需求，在满足消费者需求的同时获取利润，实现企业与顾客的双赢。4R营销组合则更加注重消费者，主要目的是满足客户追求个人体验和价值的最大化。

因此，从4P到4C、4R的变化，体现的是企业从以产品为中心到以消费者为中心的转化，体现的是新零售时代不可缺少的用户思维。

现在很多人所说的用户思维，就是从产品至上的产品思维转化为用户体验至上的用户思维。而那些只是注重开发产品功能价值，仅把产品放在第一位的观念是错误的，需要注意产品能给予消费者什么样的品牌理念，然后将消费者转化为品牌效益。

1.1.3 不仅仅是4P的诱因，4C也很重要

在1.1.2中我们提到过4P、4C和4R这3大营销策略组合，其中重点讲述了4P营销理论的内涵及意义，接下来将展开讲述4C营销理论的意义和作用。

4C营销理论作为4P营销理论的发展和延伸，是紧跟时代发展潮流的进步和发扬，具体包括消费者（Customer）、成本（Cost）、便利（Convenience）和沟通（Communication），如图1-5所示。

1. 消费者（Customer）

消费者指的是企业要了解顾客，通过研究顾客的需求，以此为依据设计研发、生产产品。除此之外，企业在提供了产品和服务之外，更需要重视消费者的客户价值（Customer Value）。

图1-5　4C营销理论组合

而从4P营销组合中的产品（Product）到消费者（Customer）的发展，体现出理论在产品方面的创新。我们作为营销人，研究顾客的需求是必不可少的，只有针对消费者的需求做出分析，制定相应品牌发展战略，在基本产品层次和价值观认同层次都努力实现消费者的需求，才能占据消费者心中的主导地位。新零售时代企业通过大数据分析消费者的消费特征，针对其需求进行研发生产，这是十分高效精准的营销策略。

2. 成本（Cost）

成本指的是消费者购买产品付出的成本，不仅包括消费者直接支付的货币成本，也包括为购买产品付出的时间、精力成本，以及为购买产品获得的风险等。

从4P营销组合中的（Price）到成本（Cost）的发展，体现了在定价上的创新。对成本的分析评估，不仅有利于产品定价，也有利于企业根据消费者的特征有针对性地进行产品的研发生产，从而精准满足消费者需要。成本营销策略在新零售时代被充分地发挥。新零售模式归根结底是优化供应链、降低企业研发生产成本和消费者购买成本的模式。

3. 便利性（Convenience）

便利性指的是消费者购买产品的渠道是否便利，而不是指企业自身销售产品是否便利。企业应对此做出通畅消费者购买渠道的举措，完善售前、售中、售后服务。新零售时代的供应链模式优化和大数据分析，刚好能有效地为消费者提供更加便利的服务。

从4P营销组合中分销（Place）到便利（Convenience）的发展过程中，体现了企业在促销上的思路转变，是提升顾客价值的一条有效途径，也是形成忠实消费者群体的必要做法。便利也在新零售模式中有了突出的体现，天猫线上发售并尝试推广线下无人超市，正是便利消费者购买渠道的举动。

4. 沟通（Communication）

沟通指的是企业的推广促销应当以消费者为导向，强调消费者在企业生产、分销、销售、售后等各个环节的参与度，让消费者和企业频繁互动，从而实现信息的传递与情感、价值观的双向沟通。和消费者实现无障碍的沟通，这也是新零售时代企业的发展方向。

4C理论强调，企业应当将满足消费者需求放在首要位置。在产品设计、研发、生产以及销售等环节都应当以消费者的需求为导向，节约消费者购买产品的货币成本和时间精力成本，让消费者在购买产品时既能满足自身的消费需求，又能从中获取利润，实现企业和消费者之间的双赢。最后，企业还要以消费者为核心，实施有效的双向沟通。

与4P营销理论相比，4C营销理论由传统的"消费者请注意"，转变为"请注意消费者"，使我们在营销观念上有了极大的改变。

然而，4C营销理论也不是没有局限的，虽然它以消费者需求为导向，但是消费者的需求并不是完全都能被转化成为产品和服务的，更何况企业也应当注意成本的控制问题。因此，新时代的新零售企业在面对消费者需求时，应该寻求一条更为积极主动的途径，合理针对消费者的需求做出变化。

除此之外，4C营销理论相较于4P营销理论现在还缺乏直接的操作指导，只是提供了一种理论思路，并没有给出切实具体的操作方法。因此，将4C和4P结合起来，是现在大多数现代企业应用较广泛的一种办法。

在新零售时代，零售企业作为直接面向消费者的一类企业，更需要满足消费者的需求和愿望。零售企业应当充分运用新零售时代带来的新技术，服务消费者，结合大数据技术分析消费者需求，以消费者需求为导向设计、研发、生产产品，以消费者为核心贯穿零售企业运营的始终。因此，4C理论在某种程度上说，是目前新零售时代零售品牌的概念性指导和前进方向，我们未来要多在这方面做摸索和探讨。

1.1.4　4E营销理论成新趋势

在新零售时代，企业的营销转型不只是增加在数字媒体领域的投入，而是转变了整个营销思想。对此，奥美互动全球董事长兼CEO布莱恩也曾感慨道："'4P'理论自1957年麦卡锡提出后就被营销界奉为圭臬，如今在新时代，'4P'理论应该改弦易辙了，我建议以'4E'取代'4P'。"那么"4E"理论到底是什么呢？其包括内容如图1-6所示。

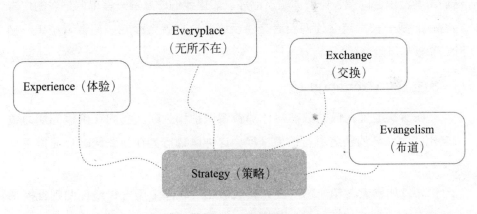

图1-6　4E营销组合

1. 体验（Experience）

在新零售时代，消费者的购买行为已经发生了巨大的变化，这种改变从单纯的产品转移到消费体验上，营销者需要深入观察和分析消费者的购买历程，辨别哪些因素可能会影响消费者的购买决定以及如何为消费者提供良好的体验等关键环节，然后再根据以上研究和分析的结果制定出相应的措施，以便持续不断地为消费者提升消费体验，进而提升品牌在消费者心目中的地位。

如今，为了提升消费者的购物体验，很多企业或商家都专门打造了品牌体验店。例如，Six Flags网站利用Flash、视频、3D、VR等手段向游客展示了游乐园中一些有趣又好玩的项目，例如，Six Flags网站上宣传了一款云霄飞车的项目，它可以在高空中高速起伏穿行，利用视频记录游客疯狂地尖叫的场景，让观看视频的人如同身临其境，并产生想去亲自体验的冲动。

2. 无所不在（Everyplace）

在数字媒体的冲击下，消费者的购买行为从主要的商店终端变成任意地点，营销者的主要工作也从研究产品如何在货架上陈列演变成"全网络+全渠道"推广。

例如，消费者手机支付的习惯已经逐渐养成，这时，许多营销者就把推广渠道转移到手机上，如何让推广信息在手机上更容易被消费者接受呢？一是要保证推广信息足够有趣，二是要能够给消费者带来一定的好处。例如，免费赠送消费者音乐会门票、免费体验产品等。如果我们总是发一些单调枯燥的广告内容，时间一长肯定会让消费者产生反感，这样就会面临被消费者拉黑、删除、举报的风险。

3. 交换（Exchange）

在新零售时代，借助数字媒体消费者识别和判断产品内在价值的能力更加突出，企业与消费者进行价值交换，这种购物行为在互联网时代显得更有意义。

例如，加拿大青年凯尔·麦克唐纳曾在互联网上用一枚红色曲别针换来一座房子，这种看似不可思议的事情，背后正是利用了价值交换的原理。如今，利用产品的内在价值打动顾客是最便捷的途径，也是打造品牌不可或缺的内容。

4. 布道（Evangelism）

新零售时代消费者的价值观变得更加多元化，一个又一个社群如雨后春笋般纷纷涌现，群成员借助微信、微博等社交软件进行交流互动，社群营销也随之而来。此时，新时代的营销者抛弃直线式推送和说服式的传统营销模式，转而在品牌营销的方向注入激情。品牌工作者通过有吸引力的创意，让消费者主动参与和分享，这种转变可以说是从促销到布道的转变。

例如，苹果公司从 iMac 到 iPod 再到 iPhone，每款产品始终都在追求超乎消费者想象力的创新，同时精心策划营销的每个环节，以便给消费者营造出一种神秘的氛围，吊大家胃口。最终苹果公司催生出一批又一批狂热"果粉"，这些"果粉"就是苹果公司的布道士，主动在全世界的各个角落为苹果品牌传播教义。

总之，在市场战术的运作中，我们不仅仅只看到一个理论技巧，而是需要运用到组合拳的模式去面对随时变化的品牌市场工作，4P不仅仅是单纯用1P，也可以4PE结合，也可以4PC结合，招式只有随时变化，才能应对竞争市场的差异。

1.1.5 我们能从西贝身上学来什么

新零售的浪潮席卷的不只是零售行业，各行各业都在"线上＋线下＋大数据＋物流"的趋势下进行转型和改革，餐饮行业也不例外。西贝餐饮做了许多新零售餐饮的尝试，创始人贾国龙认为餐饮新零售大有可为，在餐饮供应链的某一个环节上找到食材或者成品，将其作为一个商品以零售的渠道销售，就是餐饮新零售的模式。

一开始西贝采用的是进军快餐领域的模式，2016年西贝推出"西贝燕麦面"这个快餐品牌，精简了西贝燕麦面的菜单，修正了店面，使其更符合年轻人的快餐需求。西贝餐饮计划将西贝燕麦面从加盟店做起，最终在全国开出10万家店，并联系外卖平台，联合线上外卖销售，向新零售方向摸索转型。

然而这个计划并不顺利。西贝燕麦面这个品牌名称中"燕麦面"市场认知度较低，因此后来西贝燕麦面改名为"西贝麦香村"，几次更改菜单，投入了大量人力物力，但也没能像预期那样获得回报，2017年10月，西贝麦香村计划被宣布暂停。联系4P理论和新零售的趋势，我们分析麦香村失败的原因。

1. 产品（Product）

西贝麦香村的主推产品不过硬，一开始的"西贝燕麦面"时期"燕麦面"市场认知度不高，后来将主推产品改为"油泼面""内蒙古羊肉面"又不够独特，虽然根据消费者需求频频调整产品，但在外卖和快餐市场上对消费者并没有足够的吸引力。

2. 价格（Price）

同一般的外卖套餐相比，西贝麦香村的客单价贵10～20元，但是外卖会出现与堂食分量不符、装错、装漏的现象，消费者不愿支付与预期体验不相符的价格。

3. 渠道（Place）

西贝麦香村的首家外卖店选址在北京三里屯，寸土寸金，但周围不缺乏优秀的竞争对手，是各类餐饮的聚集地，竞争激烈，租金成本过高，即使能带来较多客流量，在高昂的租金下也可能利润微薄。

4. 促销（Promotion）

西贝麦香村虽然走的是外卖路线，从定价上却并不亲民，是高频高毛利的策略，依托自身"西贝莜面村"等品牌的优势做推广，走的是品牌声誉带动外卖销售的路子。

正是由于以上四点，西贝麦香村匆匆收场，只是做了一次在外卖领域的尝试和试验。但西贝麦香村计划停止后不久，西贝餐饮的电商化新零售平台"西贝甄选"登场。

西贝甄选依托西贝莜面村三十年的供应链积累和西贝品牌的声誉，将消费者和工厂联系起来，打造售卖优质食材和品质厨具的电商平台。西贝甄选将自己定位为："致力提供好商品、好价格、好服务，共筑餐厅之外的品质厨房生活。"

西贝甄选从产品、价格、渠道和促销四个方面都有了一次思路上的改进，整体战略方针焕然一新，是一种紧追时代脚步、提升品牌竞争力的、新零售模式下的新尝试。在推出电商平台的同时，西贝餐饮再次开启了外卖业务，相信这一次，西贝的外卖行业能够在电商、主品牌"西贝莜面村"品牌形象加成的联动效应下有新的突破。

1.2 品牌营销的本质与新趋势

认清品牌营销的本质前，我们首先要记住一句话："品牌不能让你短期赚钱，但是能让你长期值钱。"无论是企业还是个人，从事品牌工作都不是短期行为，而是长期的、有规划、有思考、有战略的可行性行为。

在新时代的浪潮下，品牌的营销方式和手段发生了重大的转变。营销方式与手段的更新给我们品牌人带来了更多的机遇和挑战。但是，最重要的品牌营销的本质依然需要我们牢记，并在此基础上结合新趋势做出方向正确的品牌营销。

1.2.1 新时期品牌最有用的3个定义

如何养成培养品牌思维模型的习惯呢？我们要先理解新时期品牌最有用的3个定义，它们是让我们在理解品牌的基础上，思考品牌、制定战略最好的品牌思维依据。当然，这3个定义也是国内的品牌行家常常提到的。

定义1：品牌的杠杆和溢价目的

品牌的目的是为了让企业和产品更值钱，这个杠杆和溢价的品牌价值才让企业的老板花费心思做品牌。很多新人做品牌往往会忽略品牌的目的或者对此理解得不深刻，因此我强调这一点。

试想：你去超市想买两瓶可乐，一瓶是可口可乐，另一瓶是不知名的可乐，可口可乐每瓶3元，不知名的可乐每瓶2元，你最后会选择哪款可乐呢？肯定很多人都会选择可口可乐。上面例子中可口可乐和竞争对手的1元利差就属于品牌的溢价。

在新零售企业中，可能很多家企业都会提供生鲜配送等服务，那么为什么有的企业生意很火爆，而有些企业却很凄凉呢？之所以消费者愿意为你买单，大部分的原因都是品牌的作用。

定义2：品牌是一个信用保障体系

作为一个品牌负责人，你如果对外宣称你的这个品牌好，就需要对这个品牌下的所有品类的产品负责。品牌是一个责任性保障。如果你的产品质量差，不像你说的那么好，那么没有人愿意持续买单，这样的品牌早晚都会被消费者抛弃。

所以，要想打造一个成功的品牌，首先要保证你的产品能立得住。我们会见到一些产品和商业模式，自身的产品质量不佳，存在各种各样的缺陷，希望能通过各种营销手段把品牌炒起来，殊不知这个品牌可能会一时火爆起来，但是不可能长久。

如果产品本身不可靠的话，品牌营销是没有办法进行下去的。例如，我们看到好的百年品牌或大品牌，无一例外全部都是基于产品和商业模式已经完备的情况，一点一点积累起来的。因此，新零售时代下，我们想要打造品牌，让消费者认可，必须把新零售的这个体系搭建好，让消费者有好的体验，买到好的产品。

定义3：品牌的打造方法

很多人可能都清楚品牌的重要性，但如何做出品牌呢？品牌的打造方法其实就是8个字：目标、内容、渠道、时机。我们每天都在说的传播、渠道、通路和创意等也都全部包含在这8个字里。具体来说，就是设定目标、把握品牌内容、掌握销售渠道、看准时机。当然，产品不同具体的打造方法也因地制宜、因时而变，而这8个字只是品牌在打造过程中对大方向的引导。

以上三个关注点分别从目的、责任和方法的角度对品牌进行阐述。这是我把所有书上的、网上相关知识都学习了一遍，把所有的经典案例以及自己工作中所做的成功案例都捋了一遍，得出的这三个对大家最有效、最能运用到实践中去的指导思路。从这三个关注点出发，相信大家以后遇见类似的问题都能够快速地找到应对方法。

1.2.2 一切都是为了降低成本

在新零售时代的营销中，有一个新的名词"沉没成本"，如果你是做微博、微信公众号运营，你需要去了解这个名词的思维模型。例如，如果你和你的女朋友看了一场非常难看的电影，你们所花的看电影的时间和电影票都是你的"沉没成本"。

在营销中，要尽可能地降低"沉没成本"，这样才能快速地建立品牌。除了科特勒给出的定义和"沉没成本"之外，关于品牌本质的讨论还有很多，一部分人认为品牌纯粹是一个区分产品的标记，另一部分人则认为品牌是一种纯主观、纯理念的形而上学的东西。

通过对现代社会品牌形式和作用的分析，我们可以看出品牌是产品和企业的一种属性，它是产品功能或企业价值观的外在表现形式。

实际上，品牌的本质就是降低成本，这在新零售时代也不例外。一般来说，品牌主要降低的成本如图1-7所示。

图1-7　品牌降低三个方面成本

1.消费者的选择成本

由于品牌的区别功能，消费者能够分辨出产品的不同，从中选择自己中意的产品。因此，品牌能够降低消费者的选择成本。

选择成本是品牌经济学的核心要点，也是品牌建设的核心。那么在对选择成本进行分析时，衡量选择成本大小时有哪些要点呢？主要有以下三个要点。

（1）选择

消费者应该有选择的余地。如果消费者面对一家垄断厂商，根本没有选择余地，而消费者又必须使用这款产品，那么品牌就没有任何意义。假如现在比较火的新零售企业只有盒马鲜生一家，消费者自然是盒马鲜生的忠实粉丝。当然，这种情况是不符合市场规律的，一般情况下每一位消费者都有选择的机会，此时的品牌就变得尤为重要。消费者会根据自己的需求进行选择，也就形成了现在有些消费者选择盒马鲜生，有些消费者选择每日优鲜或者7Fresh等的情况。

（2）备选集

备选集是指消费者在产品众多的市场条件下，在做出购买决定之前对各个产品进行考察，并建立"购物车"，然后从中挑选。备选集中产品越多，选择成本越高，所以，新零售时代下的企业为了减少消费者备选集中的产品数量，就应该尽可能地让自己的产品与竞争者有所区别。比如，本产品给消费者的体验是最好的、配送时间是最短的、生鲜是最新鲜的等，这样消费者才能从备选集中尽可能挑选到你，或者你做的是独家的，那么消费者只能选择你。

（3）选择过程

消费者的选择过程一般分为三个步骤，依次是信息搜集、建立备选集和选择决策。选择成本一般是在第三个步骤时发生的成本。因此，在降低选择成本时，应当尤为注意选择过程中"选择决策"这个步骤。

事实上，思考如何降低消费者选择成本，最重要的就是要从消费者的角度出发。新零售时代的企业需要思考消费者的真实需求是什么，产品应该如何做才能贴合消费者的需求，了解消费者的心理感受、消费习惯等，才能找到降低消费者选择成本的突破口。

2.企业的营销成本

新零售企业通过对品牌的树立和推广，使得消费者对企业的认知度提升，这就意味着新零售企业在市场上拥有了可以被消费者同竞争对手区分开的优势。同时，成功的品牌能够使消费者对企业产生信赖和归属感，忠诚的消费者乐于推广品牌，从而有利于企业扩大市场份额，节约营销成本。

3.社会的监督成本

品牌自带的异质性使企业和产品能够被轻易分辨，这也使得社会对企业、产品的监督成本大大降低。

事实上，品牌的本质就是降低成本，建立与消费者之间的信任联系。在知道了品牌的本质之后，我们可以明确了解品牌对企业的重要性，从而从本质的角度出发，经营、管理品牌，研究出具体的方法，使新零售企业的推广运营变得更加有效。

1.3 品牌菜鸟如何建立品牌思维力

持续学习是一个人不断进步的最好途径,学习是一件伴随一生的事情,有了知识才能有自己的思想和思考能力,这也就是思维。不管是从业十年还是刚入职一年的年轻人,他们的成功法则都是一样的:学习、能力和激情。下面我们具体讲一下应该如何实施这三条法则。

法则1:学习

制定一年阅读30~50本书籍的目录,如果你是从事品牌工作,那么需要同时看遍所有的品牌书籍。因为每一本品牌书都有它的独特之处,我们能从中学到别人的思维方式和经验体会,同时也不能只局限在品牌类书籍,涉猎的书籍也要有更广的范围,比如说金融、经济、管理、哲学等类别的书籍,这些类别我们也要同步学习,达到全方面的进步。

法则2:能力

能力包括你的知识、教育、工作技能、创意能力、工作年限、创新能力、管理能力、协同能力。在这些能力之中,知识是非常重要的,也是最基础的,然而你也应当明确了解掌握的知识如何运用在工作和实践中,而不能徒劳的积累而不会运用。这就要求对知识应该做到深刻领会,知行结合。

法则3:激情

持续不断的学习加上出色的能力,接下来需要的就是努力和奋斗了,在电影《阿甘正传》中有这样一句台词:生活就像一盒巧克力,你永远不知道下一块会是什么味道。假如我们每天都带着好心态、充满激情地工作,那么就很容易在工作中学习到对个人有益的东西,这就是一举两得、对提升自身最好的事情了。

人只有在绝望无助的时候才会敢于面对新的事物,改变是非常难的事情,很多时候我们是用固化思维理解事物。关于思维方面的问题,我在十年多的品牌工作中总结出一套空间理论,如图1-8所示。

图 1-8　空间理论示意图

人生就像爬山，每个人的目标都是山顶，可是爬的山路却不同，有栈道，有山道，有小道，有大道，有的可能不是道，空间不同，所用的时间也不同，我们要在合理的空间内，把握更优的时间。大家的目标都是向上，可是向上的方法有很多，也许你用的时间比别人多出来很多，不同思维会带来不同结果，在品牌打造上也是这样。

1.3.1　品牌学习不要碎片化，要体系化

信息量超载是我们现在所处的时代人人都面临的一大问题，快节奏的生活让人们自出了校园就很难真正进行系统化的学习。

当有人提出碎片化学习这一方法时，大家如获至宝，利用"厕上、枕上"等零碎时间，一遍又一遍地刷着新知识。虽然生活依旧忙碌，但是可以利用零碎时间学习新知识了，感觉像捡了大便宜。然而久而久之，大家会发现，我们一遍又一遍地刷着知识点，结果却是收获甚微，甚至毫无收获。

你会发现采用碎片化学习方法后，自己的品牌学习开始混乱。你每天不断

收藏各种各样的品牌知识点，就像松鼠一样不断积攒着果实。到最后你会发现自己一直处于"收藏即不看"的状态，对于品牌相关知识还是一片迷茫。那些品牌大佬在同一段时间里却收获颇丰，积累了大量的干货技巧。于是，你内心开始产生落差，开始焦虑，最后破罐破摔，不再看那些学习资料。一段时间后，你又产生了新的焦虑，然后又开始像松鼠一样囤积"果实"，进而产生新一轮的恶性循环。

信息量超载和碎片化学习产生的一个趋势是知识碎片化，这是最可怕的。这种知识碎片化主要体现在时间和空间的碎片化。

1. 信息内容被打破

"信息内容被打破"是最可怕的一点。如果你打开手机翻知乎、刷微博，并不会像阅读一本书那样知道上一章讲了什么，下一章即将写什么，它的内容是不连续、不系统、既无前因又无后果的，你不知道谁在什么情况下、针对什么问题写了这篇文章，你只能被动接受这片段的、碎片化的知识内容，有可能你对这些内容一知半解，甚至对你毫无益处。更甚至你阅读的这些碎片知识有可能是某个外行人在一个情绪化的状态下写的，这样的内容不仅无益，还可能有害。

碎片化学习确实能提高效率，但是时间碎片化和知识结构碎片化是学习效率退化和学习焦虑的根源，这也阻断你的主动搜索能力和主动链接能力，也就是深度思考能力渐渐消磨退化了。信息碎片的"大爆炸"降低了你最重要的独立思考能力，而一个人缺乏了思考能力，谈何思维？

所以，在平时，体系化的学习是非常重要的事情，是十分有远见的举动。我们平时在品牌工作中，必须系统化地学习品牌知识，积累成体系、有结构的品牌知识内容。虽然每一个人的IQ和EQ都不一样，但学习方法总还有思路可以共同借鉴，下面就提两个我在工作中使用的颇有益处的学习思考模型。

2. 波利亚4步解题法

波利亚4步解题法的要点是一个人思考的过程中，如何简单有效稳定地解决问题。这种解题法包括以下四步。

第一步：寻找并剖析你所面临的问题

在寻找问题时，不要选择两极化的问题，因为太难或太简单的问题都没有什么意义，也不能钻死胡同，更不能有所畏难，要找出自己能开动脑筋积极思考后可以解决的问题，并且从多方面考虑，系统思考后认真解决这个问题，这样就能在解决问题的过程中有效率地吸收知识，提升自身的能力。

为了能真正透彻地理解自己所面临的问题，最好用自己的话把问题转换成各种形式表达。但无论转化成什么形式，都要明确问题的主干，也就是想要的答案是什么、已知条件是什么以及要满足哪些条件才能解决。

第二步：形成解决问题的思路

这步的关键是找到解决思路的好方向。你以往的经验、所掌握的知识，都是好方向的来源。你可以自行提问，问自己在以往的学习中有没有处理过类似的问题？当时是怎么解决的？当时的解决方案是否还可行？如果还是没有头绪，可以试着转换一下问题，将已知、未知条件逐一尝试，直到找到类似的解决过的问题，从而明确解决思路。

第三步：行动起来

掌握充足的知识，获得好方向的思路，拥有良好的习惯、专注力，还有运气，这样执行解决问题的方法就会相对简单有效一些。但是，行动时最主要的还是耐心，要持续不断地提醒自己，每一步都要进行认真仔细的检查。检查分为两种：一种是直觉，用直觉观察，确保这一步行动一看就是对的；另外一种是证明，严格证明这一步是正确的。这两种方式都可以用，但还需要考虑情况，视具体情况而定。

第四步：总结

绝不能认为解决了一个问题就完事大吉，这也是很多人在学习过程中的坏毛病。对于解决一个问题的过程和经验进行反思，这是巩固知识和提升技巧的绝佳机会。最好再审一遍论证过程，尝试用其他方法解决问题，找寻最简洁明了的方法；或者提炼解决方法，明确归纳是否这种解决方式可以用在其他问题上，为以后遇到类似问题做好准备。所以，总结是最好的启发时刻。

在个人品牌思维养成的时候，我们每天可能会面对很多碎片化的信息和大量的品牌工作。在工作时，理解运用波利亚四步解题法，是学习运用知识、应对问题的非常重要的步骤。

3.库伯学习圈理论

美国社会心理学家、教育家、体验式学习大师库伯认为："经验学习过程是由四个适应性学习阶段构成的环形结构，包括具体经验、反思性观察、抽象概念化和主动实践。"当然，不同类型的学习者采取的思维方式也是不一样的，如图1-9所示。

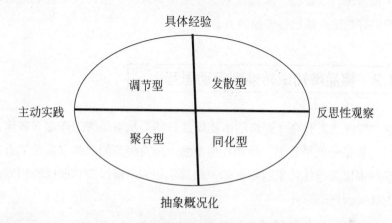

图1-9　不同类型学习者的思维方式示意图

（1）发散型学习者在感知信息时，通常会采用具体的思维方式，并对信息做反思性加工，这类学习者需要独自进行学习活动。

（2）同化型学习者在感知信息时，通常会采用抽象的思维方式，并对信息做反思性加工，这类学习者需要采用细节性、顺序性的步骤进行思考。

（3）聚合型学习者在感知信息时，通常会采用抽象的思维方式，并积极对信息进行加工，这类学习者在学习活动中需要关注解决实际问题。

（4）调节型学习者在感知信息时，通常会采用具体的思维方式，并主动对信息进行加工，这类学习者在学习中会采用冒险行为和变换实践方式，而且其学习活动具有一定的灵活性。

库伯学习圈理论这种学习方法的优势在于，它让我们理清自己的思维方式，并以放大优势、规避弱势的方法进行合理有效的学习，提供了不同类型学习者的学习思考大方向。这对我们品牌人选择适合自己的学习方法大有裨益。

品牌思维训练是在品牌认知训练中每天、每小时、每分每秒进行思考，并通过思考和学习得出方法、采取行动，不断检查我的思维训练和工作过程是否有利于我的品牌工作。

市面上有许多好的品牌书籍，都主张培养品牌思维，但是现实与理论是不一致的，在品牌工作中，我们有时会发现理论直接现套实际框架下的工作场景并不一定有用，我在个人学习和团队管理中对波利亚四步解题法和库伯学习圈这两个模型进行了检验，实践证明这是完全有效的。因此，在这里将这两个品牌学习的好方法介绍给各位品牌人。

1.3.2 将品牌知识转换到行动思考

成功的捷径是勤奋，勤奋的本质就是行动。从事品牌工作这么多年，我对行动的理解第一就是看书，早期我将市面上所有经典的品牌书籍全部看完，从每本品牌书里面寻找行家的专业知识和案例研究，通过波利亚模型和库伯模型将知识转换到行动思考。

通过获取大量的书籍知识，将理论和实践叠加，这对工作会有良性效应。例如，我今天到公司后，接到业务部门的需求。他们需要我协助业务部门增加平台注册用户和品牌曝光，同时预算很低，试想如果你是这个case（案子）的负责人，你会怎么"低成本完成目标"呢？而我运用波利亚四步解题法分析这个case的做法，如图1-10所示。

图1-10　低成本完成增加平台注册用户和品牌曝光目标的步骤

第一步：理解

首先，清晰我们的营销目标：提升注册和强化品牌曝光哪个是业务部门重点关注的；其次，了解我们的预算是多还是少，就会考量我们面对市场的营销动作怎么打，包括在拟订方案的过程中考虑危机预案等思路；最后，预估目标结果，但是这个目标结果不是唯一性，而是制定高中低3个预期结果，当然预估高的结果是团队共同努力的结果，预估低的结果是负责人内心的底线结果。

第二步：拟订方案

有数据就用数据制定方案，没有数据就用内容和创意制定方案。当然，在制定方案时一定要去思考顾客和消费者的关系，我们这次的目标是拉新注册，那么核心的问题就是怎么拉新，拉新后怎么转化。通常情况下，我们需要结合平时的理论训练和团队会议沟通来拟订方案，拟订方案一般会分2个阶段进行。

第一阶段：个人脑图

小组成员都需要制作一份关于这份方案的个人逻辑脑图，而且每一个成员的脑图必须要制定方法论，行销策略也一定要有一个方法论做支撑。

备注：我们可以从优秀的公司学习无限延展的创意思考模型，比如，电通鬼才十则、奥美360度品牌管理罗盘、奥美的TLSM演讲法、智威汤逊的全方位品牌管理、电通AISAS模型、麦肯光明的品牌足迹等，这些方面的具体内容大家可以搜集相关资料学习。

第二阶段：创意营销可执行风暴法

首先，制定两条规则：一是每一个成员发言3分钟以内（计时），发言过程中不能打断，时间到点停止发言；二是重视"聆听"，在每一个成员创意发言后，不要立刻反驳。

其次，小组成员需要关注从创意到营销的过程。其中，创意是吸引关注，营销是完成营销目标。在这个环节中，我们要从消费者的角度去思考，例如，在这个阶段制作消费者旅程和市场细分，用消费者旅程去关注用户的触点，在市场细分下找出目标用户。

第三步：执行方案（内部预估执行）

在执行环节中进行商讨，这个环节主要评估创意营销动作是否可以落地。在执行中，需要将成员分为执行组和客户组，执行组沟通整个执行流程；客户组扮演消费者参与整个营销活动，可以让外部门同事或者真实消费者协助。

第四步：回顾

回顾客户在整个体验中，作为消费者旅程是否达到我的触点，在拉新过程中，我的产品、我的平台优势是否通过创意激发出消费者的购买欲望等，结合之前回顾的内容，从而制定完整的营销方案。

以上是运用波利亚四步解题法的知识，低成本完成增加平台注册用户和品牌曝光目标的步骤。

1.3.3　好奇心害不死猫，这是做品牌的天分

品牌人天生要具备好奇的天分，有句俗语是"好奇害死猫"，但是我想说的是好奇能给品牌工作者带来好运。

很多小伙伴在品牌工作中上失去了创意思考，往往这种创意能力是因为大家越来越隐藏自己的好奇心，结果就是好奇心逐渐消失。

我们每天出门在外都会遇到很多习以为常的东西，这些东西已经不能激发我们的好奇心。而事实上好的品牌创意、好的内容全部都是从好奇心那里出来的。

看到杜蕾斯创意性的广告，我们也觉得社会化媒体营销做得好，平面创意做得好，我们为什么做不出来这种创意呢？可能就是我们缺乏好奇心。

例如，杜蕾斯诙谐借势iPhone耳机，做了一条极具创意的"别乱跑"的广告文案。这条文案巧妙地将平面设计和一语双关的"别乱跑"词语相结合，告诉大家容易丢失的AirPods以及其他的小型物体都可以被牢牢地关在品牌超薄避孕套AiR里面。

"别乱跑"这条广告文案的最大创意是把众多iPhone耳机放在一个虚拟的避孕套形状里。这条广告看起来很简单，下面我们来推理一下这条广告的策划过程和创意。广告创作人员看到iPhone耳机的时候，所有的策划人员想的肯定都是这个耳机如何跟杜蕾斯结合？于是，创作者就盯着iPhone耳机开始陷入了沉思，这个时候他的好奇心就来了。

这个耳机的形状是什么？水滴状且带有一条狭长的小尾巴。这种形状和什么东西类似，并且还要和杜蕾斯粘上一点关系呢？经过一番思考后，创作者恍

然大悟。于是耳机这个点与杜蕾斯产品能够进行很好的融合。杜蕾斯的品牌创作者这种晦涩的创意方法很值得大家学习。

好奇心是可以后天培养的。为了培养好奇心，大家在生活中经常进行一些增强好奇心的训练。例如，我们每天都试着去发现5～10个我们生活中的为什么？每天走在大街上你要想一想，为什么我们的车牌的底盘底色都是蓝的呀？为什么今年流行的空调都是圆的呀？为什么饮料的瓶子都是塑料的……

大家只要用心留意一下，就会发现你走在街上是可以问出成千上万个类似的问题。有了问题以后，我们也不必太计较答案也不要去较真，因为答案不重要，我们这样做的目的是提出问题和发现问题本身，这里给大家推荐一款好奇心日报的APP，你在这里会发现很多不一样的好奇心故事。

1.3.4 练习同理心，修炼情商

情商低的人是做不好品牌工作的。因为品牌工作靠的不只是创意思考，还需要有人情味。大家要想成为一个好的品牌操盘者或者说一个对品牌非常了解和熟知的专家，需要先把自己的情商修炼起来，而修炼情商离不开同理心的练习。

为什么呢？因为在品牌工作中品牌人实际上是担当一个沟通的重任。正如品牌定义中所问的，我们是为了传播我们的顾客，传播我们的消费者，还是传播我们？

不管传播的主体是谁，他就是我们对面的那个人，我们都是为了跟他进行沟通。那么大家可以设想一下，同理心练习跟我们人与人之间的沟通又有什么区别呢？

同理心练习的换位思考，就是你要去揣摩此刻对方心里在想什么？如果我现在给他展示一个我的产品的话，他会怎么想？我们可以试着每天进行大概三四次的练习，至少能坚持进行这种换位思考的推理训练。

例如，你今天去菜市场买菜，当你给卖菜阿姨钱的时候，你会设想她在想什么？她是怎么看你的？你是怎么看她的？总之，你就是要跟别人进行这种换位的理解和思考。这里推荐一款名为开眼的APP，内容汇聚了很多国内外同理心创意广告视频，大家也可以在上面多看看多学习。

1.3.5 练习观察力，培养品牌感觉

观察力练习也是品牌工作中非常重要的一项能力。我们过去看到有创意的设计时，会夸一下这个创意不错、很棒，然后就离开了。其实，这个时候正是练习观察力的最好时候。

比如，我们进了地铁站看见了一个平面广告，瞬间觉得这个广告很Low！过去，我们就是扭头不看了。而现在我们要进行观察力训练，就会问你一个问题，请你说出这个平面广告的十个细节，说出你刚才看到这条广告的第一直觉以及在哪方面有好的感受。逼着大家把一些已经形成结论的东西倒逼出一些描述出来。

比如，我觉得这个人好漂亮啊！那你说哪里能表明她很漂亮。

比如，你觉得万达的五星级酒店比凯宾斯基的五星级酒店更高端，那你要能从十个细节证明万达五星级酒店的高端。

……

这样的观察力训练可以让大家在下意识下训练出一种新的审美，这也是一种新审美训练方法。其实，当你觉得这个东西比那个东西好玩儿，这篇文章比其他文章好看，你在有这样的判断时，你的大脑里已经过滤了很多东西，筛选结果的过程就是在培养自己的观察力。

现在我建议大家再回顾一下这个筛选，就是在你的脑海里想想哪些细节能代表它比其他的好。比如，某颜色的纸就是比其他颜色的纸漂亮，为什么呢？当我们不断地经过这样的观察力训练，当你自己去创作内容时你就会知道：我可以用这个颜色的纸做点缀，因为这个颜色的纸比其他颜色的纸看上去更好看！

有时候在跟我的同事聊天时会说，这个字体不好看，那个字体可能会好看。有些同事会打趣问："你怎么知道这个字体不好看？"我说："我在电梯里的××广告上看到过类似的字体，广告上面的字体颜色有些过于明亮了。"后来，过了不久，又一次与同事讨论字体问题时，同事拍着我的肩膀说："老哥，

你说对了,电梯里的那个广告的字体颜色真的很刺眼。"

由此可见,平常的观察力对品牌工作者来说是很重要的,可能会让自己少走很多弯路。

所以,大家以后在电梯间、火车站、地铁站等地方看见一个广告牌后,你如果当时会觉得很丑,你要找出它丑在哪里?是字体太丑了,还是颜色搭配太丑了,还是logo设计太丑了?弄清楚以后,我们还要把这个发现收集整理出来,避免以后用这样的字,或者这样的设计或搭配等。

要知道,大家在观察力的训练当中本身就是一个学习和收集的过程。而品牌就是一个经验积累的东西。当你每天的观察力不断累计,你知道颜色如何搭配更好看,你知道选择什么样的字体更好看,你知道如何设计更好的内容,总之,你知道所有的好跟不好,高大上跟low,在做完所有的对比之后,你的感觉可能就会建立起来。

以上是本节要讲的关于建立品牌思维力的所有内容,希望大家一定要尽可能地做好以上几点,因为只有这样你才能最终在脑海里刻画一个词:品牌拟人化,实际上它可以让你在积累的过程中慢慢变成一个真正的品牌专家。

1.4 避开99%营销人都会犯的两点错误

大多数营销人都会把自己局限在条条框框里,他们认为做营销就只做营销,做品牌就只会推广,工作中遭受了来自产品缺陷的困扰、来自消费者的不满、来自自身的懊恼和困惑,最终不知道自己到底错在哪里。在新零售时代里,不及时改正营销人经常犯的错误,让自己回归正确路线,就会蒙受损失。而且很多营销人的困惑和错误基本上是一致的,本节就为大家找出这些问题,扫清这几个概念上的误区。

1.4.1 营销只是广告和传播吗?

很多人虽然做了多年的营销者,但是实际上他们根本不理解什么是营销。

很多时候，他们把大笔的广告费花出去了，促销活动一场接一场，盲目地推广、促销，却没有收获，自己也很沮丧。这是为什么呢？

因为他们错误地把营销当成简单的广告和传播，而没能触碰到营销的本质和深层内涵，把一切工作只停留在表面。本小节将为大家详细地讲解营销到底是什么，有什么深层内涵，在新零售时代我们又应该如何做营销。

营销的最根本定义不仅仅是广告和传播，除了简单的广告、传播之外，营销还要对产品、服务和创意、定价、分销渠道等都有一个系统性的、全方位的理解和规划。作为营销人，一个重要的职责是深度挖掘消费者的需求，对市场做细分，寻找目标消费者群体，并根据他们的消费特征和消费心理对产品的设计、研发、生产以及定价做出正确的指导。

新零售企业的新模式下，从前期调查到生产销售，再到最终的消费者反馈，几乎每一个环节都离不开营销。例如，哦加哦网络科技（上海）有限公司和猩福（上海）有限公司合并后作为新零售领域全域布局的品牌——猩便利，主要为用户提供"无人值守便利架""智能自助便利店"等即时消费服务。猩便利将自身定位为即时便利，从生产研发上向其面向的年轻白领消费者群体靠拢，在供应链优化和便利店的选址、无人货架的布局等都是在营销思想的指导下进行的。

所以，广告和传播只是营销工作的一部分，营销还包括选址、生产、包装、商品展示等环节。总之，凡是能提升产品销量、提升品牌知名度的工作内容，都属于营销的一部分。

1.4.2　只有市场部该对营销负责吗？

品牌人常见的另一个误区是把销售当作市场部一个部门的事情。营销不只是销售，也包括对产品和品牌进行全线打造和升级。也就是说，营销是全公司各个部门在通力合作下才能做好的事情。

营销离不开定位，这是从管理层制定战略和发展方向时就应当确立的方针，营销做得好不好，首先是管理层的责任。除此之外，产品的设计是否合理，符合消费者的需求，也要求生产部门对此负责任，还有分销渠道是否便利等，从前期的市场调研开始，到公司整个走向的战略设计，到产品的设计研发生产环节，再到最后的销售渠道，最终把产品送到消费者手中，这一连串的各个环节都需要不同的部门对销售负责任。新零售企业只有做好这一点，才能在时代的浪潮中迎风而上，而不至于被内部管理的不协调影响销售。

因此，全公司上下的每个部门，都应当对营销负起责任来。明白了这一点，营销活动才能更合理更高效地展开，让企业上下劲往一处使，共同为企业打造好的品牌。

运营篇

新零售时代品牌运营实战技巧

第 2 章
快速构建品牌8步走

品牌营销：新零售时代品牌运营

BRAND

据统计，一个人一天会接触到5000个品牌以上，这个数字可能让很多人都感觉不可思议，这也是可以理解的。因为我们接触的品牌中有98%其实都没有引起我们的注意，通常都会被我们忽视，而且很多新的品牌都淹没在品牌的浩瀚大海中。所以，品牌人构建品牌的终极目标是让品牌进入到消费者的主观印象中，让消费者对品牌产生深刻印象，这对新零售行业中的任何品牌都是至关重要的。

在新零售时代，信息繁杂，品牌和产品更新换代十分迅速，我们要想让自己的品牌和产品在消费者心中占有一席之地，就需要尽可能快速地构建自己的品牌。本章将介绍如何通过8个步骤构建品牌。

2.1 找准定位

构建品牌的第一步，就是找准品牌的定位。品牌定位的核心是凸显品牌和商品不同的价值。然而品牌定位是可以花大钱花出气势、花出性价比、花出媒介渠道保护的玩法，"成功定位"的企业所投入的广告费、曝光费是非常多的。而对于大多数企业，高额的费用是一道不可逾越的鸿沟。所以，对于很多企业来说，比定位更着急的是"如何穷着出名"？

品牌从0到1，从1到100，我们谈论的情怀，我们谈论的价值都属于"出名"之后，而"出名"之前要做的事情，如图2-1所示。

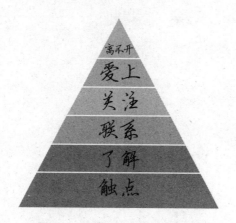

图2-1 品牌"出名"前的工作

1. 触点

品牌的长传播期，触点的任务就是需要让全宇宙都知道你。这个时候，企业要想方设法地让消费者知道品牌的产品、名字、符号、颜色、广告语、代言人。

2. 了解

消费者（陌生和潜在）、利益相关方和品牌主之间的链条萌芽期。比如，对于一个大学男生来说，一个婴幼儿奶粉品牌与他是没有任何关系的。

3. 联系

品牌和消费者之间通过某种关联走出第一步，此时，品牌主需要提升消费者对于品牌的初次认同，同时品牌主还需要把品牌看做一个"人"，你怎样和另外一位"人"（消费者）沟通和联系。

4. 关注

品牌价值呈现窗口期，这个时候品牌对于消费者、利益相关方来讲，消费者和品牌要开始产生"关系"，有了"关系"两者才能"继续合作"。这个环节中，品牌能够为消费者提供什么价值很重要。

5. 爱上

品牌主和消费者之间从陌生到认识，再到交往和"爱上"，这是一种情感认同，只有消费者先认同，才能最终"爱上"品牌。

6. 离不开

品牌的忠诚度和美誉度，离不开高频的消费，美誉的传播。当然，"离不开"这一要求很难有品牌能做到，95%以上的企业都做不到。

总之，"穷着出名"需要品牌穷尽所有的资源，去挖掘让品牌名快速传播的方法。例如，为品牌和产品取一个好名字＋自传播＋社群（族群）裂变＋团队里面的那些可能会红的事儿＝企业必须要为自己的品牌先站台。

以上这些内容是企业在定位前应该首先考虑的，将以上内容考虑清楚，然后再开始进行品牌定位。

2.1.1 品牌定位的4个基本原则

品牌定位在商业发展的长期实践中,已经有学者对定位的原则作出了归纳和总结。品牌定位的原则有4项,分别是执行品牌识别、切中目标消费、传播品牌形象和创造品牌差异化优势,如图2-2所示。

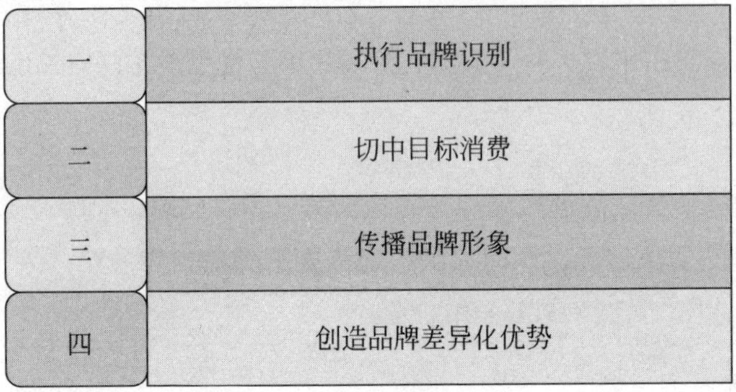

一	执行品牌识别
二	切中目标消费
三	传播品牌形象
四	创造品牌差异化优势

图2-2 品牌定位的4项原则

1. 执行品牌识别

品牌定位不能脱离品牌在消费者心中的辨识度,只有定位足够清晰,能够使消费者清楚明白地将自己的品牌从市场上的同质化品牌中识别出来,这样品牌的定位才有价值和意义。

而这就需要让消费者能够识别品牌的核心价值,让消费者将品牌与其竞争对手区别开,获得识别上的优势。比如网易严选的定位就是为消费者精心挑选出高品质低价格的家居用品,已在消费者心中获得高识别度。

2. 切中目标消费者

信息传递应当切中特定的传播对象,对品牌定位来说,定位信息的传递也应当瞄准、切中企业目标的消费者群体。比如盒马鲜生的烹饪海鲜板块就是切中喜爱吃海鲜却不会做的年轻中产阶级消费者。

3. 传播品牌形象

品牌定位在很大程度上决定着企业对消费者传递的形象内容,而且品牌定位的过程也应该不断树立、修正、强化企业的品牌形象。比如太平鸟服装，定位是"让每个人都享受时尚的乐趣"，后来随着太平鸟服装开启新零售化，其定位就变成了"快时尚虚拟联合"，且在对定位进行树立和修正中传播，强化了太平鸟的品牌形象。

4. 创造品牌差异化优势

品牌在进行定位时，对竞争对手的分析与评估是不可或缺的，品牌的竞争对手在很大程度上影响了企业对品牌定位的选择。只有在与竞争对手的比较中拥有差异化的优势，这个定位才能在消费者的品牌印象中占有一席之地，从而引发下一步购买行为的可能。比如加多宝的宣传语"正宗好凉茶"，是一种对竞争对手的打击和对品牌差异化优势的强化。

理解了以上四个原则，在进行品牌定位时就有了明确的方向。这些原则在新零售时代下的品牌定位中也不例外，抓住这四个原则进行定位，有利于企业在新零售的浪潮中迅速找到定位的途径和方法，并在与竞争对手的较量中占据一定优势地位。

2.1.2 优秀品牌定位4种策略

品牌策略只是基于品牌营销中的模型思考。一般而言，首先你要具备理论化的策略模型思考，正如我们中学的时候背英语单词一样，对于策略模型一定要熟记硬背，同时还要在笔记本上做实验。这里向大家推荐几个常用的品牌策略模型，比如波士顿矩阵、PEST模型、波特五力模型、SWOT模型、客户细分模型、销售漏斗模型、黄金圈法则、马斯洛需求层次理论等。

可能有的小伙伴会在心里嘀咕，我们讲的是品牌，为什么里面包含企业管理、销售管理的模型，而且这些模型都很老了，是不是已经过时了。

当然不是！品牌是一门大学科，将品牌工作分为品牌、产品、营销三大方向来制定品牌战略思维，而以上模型是对于这三个方向行之有效的方法之道。反过来说品牌营销学科从理论兴起到现在不过几十年的时间；军事理论从古至今是发展了几千年的理论，而我们在发展高科技的军事装备中，我们的军事理论也是不断地通过古人的军事理论变化和创新的。

所以为大家推荐的这些模型，大家可以在深度学习理论的过程中叠加品牌战略的思考，这是行之有效的快捷方法。

其实，每个品牌公司都有自己的全套理论，而我们在对品牌策略进行思考的时候，很重要的一个方面就是战略性思考，也就是我们常说的对你所在的企业进行的长期品牌战略规划。下面给大家绘制一个建议版的品牌简版思维，如图2-3所示。

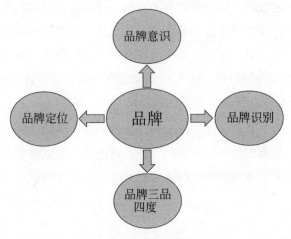

图2-3　品牌简版思维

经过长久的实践检验，这些策略被证明是可行、可借鉴的。接下来，本节将对这4种经典的品牌定位策略进行透彻的研究和分析。这4种品牌定位策略分别是产品类别定位策略、功能定位策略、外观定位策略和利益定位策略，如图2-4所示。

图2-4　品牌定位4种策略

1. 产品类别定位策略

产品类别定位策略是指将品牌和某种特定的产品类别联系起来的定位策略，让消费者接受并牢记这种联系，在记忆中形成品牌联想，在看到产品类别时就能回忆起品牌。天猫无人超市在这方面就做得很好，消费者一旦想起新零售的经典模式无人超市，就会想起天猫无人超市。

2. 功能定位策略

功能定位策略就是突出强调产品的功能优势、过硬质量和其他特性，强调品牌下的产品具有其他竞争产品不具备的特殊属性，从而使品牌具有明显的优势。例如猩便利强调其无人货架的便利性，优衣库强调其线上线下同等质量、同等价格、同步更新的特性。

3. 外观定位策略

外观定位策略是指通过使产品的外部特征具有特异性，使产品的品牌给消费者留下深刻印象的策略。消费者选择产品时，往往不了解产品的具体使用体验，主要会依据产品的外观用直觉做出选择。产品的外观在很大程度上也是产品定位的重要依据之一。例如，各大新零售服装行业，产品大多数都拥有不同的风格特征和外观特质，外观特质是品牌定位的体现，同时也是对品牌定位的强化。

4. 利益定位策略

利益定位策略就是品牌在定位时向消费者承诺产品能够满足消费者需求、为消费者带来利益，突出产品和品牌与竞争对手不同的优势，进而成功定位。例如，小米手机承诺向消费者提供性价比最高的产品，用低廉的价格得到高端的产品和服务。

2.1.3 品牌定位要重点避开的误区

了解产品定位的原则和策略后，我们还需要知道在产品定位时应该注意避开的误区，从而走正确路线，节约定位成本，做到定位效率最大化。品牌定位上的误区主要是认知上的误区和运用上的误区，具体来说有以下3种。

第一，从企业的角度定位而不是从消费者的角度定位。许多新零售企业以及传统企业在进行自身品牌定位的时候，往往会从企业自身的角度出发，将品牌的定位等同于企业自身希望达成的目标，而不是从消费者的角度出发，达成企业品牌定位与消费者需求的一致。

例如，企业将自己定位为"某行业的领导者"，这样的定位对消费者来说没有任何意义，是脱离消费者需求的，因此是企业在进行品牌定位时应该避开的误区。

第二，品牌的定位背离消费者的已有认知。新零售企业在进行定位的时候，不仅要考虑使品牌在一众同质化品牌中拥有差异化的优势，也要考虑消费者固有的认知习惯，不能使品牌的定位和消费者的认知背离。

例如，专注于时尚女装、名声较大的企业建立一个同名的子品牌用来销售家具，那么在消费者心中该品牌下的家居模块就会不专业的，这就是因为在打造品牌时，没有避开背离消费者已有认知的误区。

第三，把企业广告和品牌定位等同。许多新零售企业没能将企业广告和品牌定位区分开来，认为企业广告就是品牌定位。然而，企业的广告大多数时间只是传播品牌的核心理念，希望对消费者产生记忆上的深刻影响，在很大程度上和品牌定位无法混为一谈。定位作为打入消费者心中的"钉子"，应当简洁有力，并且紧抓消费者需求。

例如，如果企业的广告是宣传产品销量好，那么如果将广告和定位等同起来，就会使消费者产生迷惑，定位不明确就会使消费者无法理解品牌定位，这样的定位将是无效的。

因此，紧扣4个定位原则和4个定位策略，避开本小节提到的3个误区，进行正确的定位，对新零售企业合理准确的定位是至关重要的。

2.2 打造好产品

除了做好品牌定位以外，打造好产品也是快速建立品牌的重要步骤。下面将具体介绍如何打造好的产品。

2.2.1 建立产品认知，知道产品是干什么的

掌握了良好的学习能力，培养了品牌思维方式，接下来需要建立产品认知。也就是说，作为品牌人必须要对自家的产品了如指掌。如此一来，才能针对产品做出有效的营销。这也是新零售品牌建设的基本功，营销人必备的修养。那么如何才能做到深入地了解产品呢？下面向大家介绍两种简洁且实用的模型。

1. 黄金圈法则

黄金圈法则是一种我们营销人应该具备的思维方式。黄金圈法则把思考、认识问题的层面分为三个圈，分别对应着三种层次，如图2-5所示。最外圈层是"What"层，指的是"做什么"，就是事物的表象和外在表现形式。中间圈层是"How"层，也就是"怎么做"，是指做事的方法途径。最内圈层是"Why"，意为"为什么"，就是要挖掘事物的深层原因和道理。

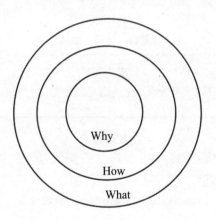

图2-5 黄金圈法则

大部分人的行为模式都局限在最外层，也就是"What"层，没有向内挖掘深入。而黄金圈思考模式则是从内向外，也就是按照"Why-How-What"的顺序思考的。因此，黄金圈法则能启发我们使用一种深刻的思维方式用在品牌工作上。

使用黄金圈法则，能够从另一个更深更广的层面，由内到外、由深到浅地对产品进行认知，从而达到更好地进行产品营销的目的。

2. 马斯洛需求层次理论

将人的需求分为生理需求、安全需求、社交需求、尊重需求和自我实现需求。在构建品牌的过程中，我们可以根据马斯洛的需求层次理论分析消费者的需求，以此为依据衡量消费者的需求是否被产品满足，以此来对产品进行认知和思考。这种认知方式是从消费者的需求角度出发的，是我们品牌人和消费者产生同理心的一种良好实践方法，如图2-6所示。

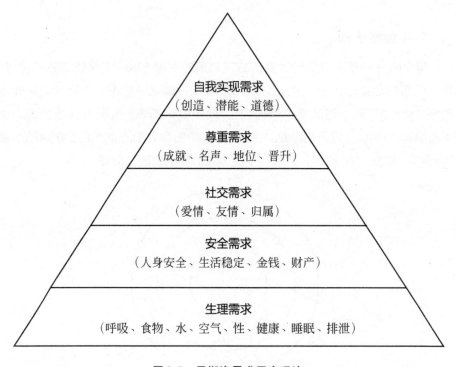

图2-6　马斯洛需求层次理论

这一系列的进步和创新都需要品牌人重新建立起新的认知思维，了解产品生产的效果、作用和本质目的。这才能更好地服务消费者，打造消费者认可的品牌。

2.2.2　打造产品美誉，知道质量是No.1

品牌人形成了对产品的认知之后，就要对产品进行塑造。在前文我们也提到，品牌是一种信用保障体系。如果产品本身质量不过关，存在巨大的缺陷，那么无论品牌人怎么操作，品牌都是站不住脚的。因此，品牌人不应当只关心促销，也应把着眼点放到产品上来。要关注并帮助产品本身不断进行升级改善，打造良好的品牌形象。

新零售模式是结合线上线下优势、以大数据为依托、结合物流的进化模式，其本身虽然具有传统零售企业不具备的优势，但也要严格对质量把关，让消费者满意。BH（西班牙自行车品牌）公司进入中国以来经历过大风大浪，几度转型，在新零售的浪潮下，BH公司同时在线上线下开展业务，在线上订购，在线下提货，在2018年重点建设电商平台，加快向新零售模式的转型。

无论是传统的零售模式还是新零售模式，销售的本质都没有变化，核心还是过硬的产品质量、产品的极致体验。BH公司由于其过硬的产品质量，赢得了消费者的认可，提升了消费者的满意度，就能将企业的转型升级更顺利地展开。

提高产品美誉度之后，就能够通过长期积累提升品牌美誉度。品牌的美誉度是在品牌知名度基础上发展出来的，反映的是品牌在消费者心中的形象和价值水平。我们品牌人应当深刻理解，只有长期的经营培养，才能长久地保持品牌自身的良好形象、建立起品牌的美誉度、扩大品牌良好形象的传播范围。

2.2.3 塑造产品个性，知道产品有所为有所不为

要想让品牌在趋于同质化的市场中脱颖而出，吸引消费者的目光，就需要让产品个性化，塑造产品的个性，让个性化的产品更加贴近消费者的需求。产品的个性化指的是与产品的竞争对手相比，产品在某一方面或者整体上在该类产品中不但拥有共性，而且也拥有其他产品没有的特殊性。

除此之外，产品的个性化不应当妨碍产品的高品质。在以顾客需求为导向设计个性化产品的同时，不能放松对企业内部管理、生产制度的优化和改良，为顾客提供最高标准的产品和服务品质。这是产品和品牌的核心竞争力所在。

天猫无人超市的黑科技"微笑可以打折"就是一种个性化的产品设计。人工智能可以自动识别消费者的笑脸，并根据微笑的程度不同给出不同的折扣，

是一种十分独特的功能,也能够贴近消费者的内心需求。

但是,有很多消费者对此产生警惕,认为天猫无人超市有可能会因为识别出了消费者对某样商品的喜爱而将其涨价。这就要求天猫超市一直遵循诚信原则,为消费者提供独特良好的产品体验,做到"有所为有所不为",这样天猫无人超市才能成为消费者信赖的品牌。

因此,新零售企业应当克服缺陷,利用优势和长处,努力发展创新能力,尊重消费者的需求,在竞争中利用个性化的产品占据优势地位。

2.2.4 明确产品价值,知道产品能干什么

前文我们讲了品牌人应该具备品牌学习思维和认知产品的能力,建立高质量的产品美誉,塑造个性化产品。在本节中要向大家讲解品牌人应具备的最后一个思维能力,就是明确产品的价值,也就是说,品牌人要知道产品能干什么。

产品的价值是消费者对产品进行选择的首要因素,是由消费者的需要来决定的,因此,品牌人要细致地分析产品价值的组成,对准顾客的需求,为顾客创造出符合他们需求的产品价值。这样才能在消费者心中占据优势地位,扩大企业在市场上的占领份额。

在新零售中更需要知道产品能干什么,据此品牌人可以对产品进行精准定位。每日优鲜明确自己的产品价值是在一个小时内为中产阶级配送生鲜。因此,它就着力优化供应链和物流系统,为用户提供最新鲜的生鲜和最快、最便捷的配送服务。最终,每日优鲜在新零售生鲜配送品牌中脱颖而出,占据了消费者心中的一席之地。

2.2.5 稳健产品结构,巩固品牌地位

一个稳健的产品结构,一般是由四种产品组成:引流型产品为的是吸引消费者,引来流量,从而为整个产品组合提升流量,这种产品一般是处于亏损状态;销量型产品一般是中低端产品,依靠销量获取总体利润;利润型产品一般是中高端产品,盈利水平较高;形象型产品一般是最高端的产品,是集企业核

心技术和品牌理念于一身的产品。新零售企业的产品结构布局应该遵循这种稳健的产品结构，从而得到更好的发展。

1. 引流型产品

引流型产品是企业产品定位中主推出来吸引流量的产品。流量对于新时代的电商企业来说是十分重要的，对新零售企业更是如此。流量多就意味着产品能够被消费者看到的次数更多，拥有更高销量的概率就更大。那么我们应当如何选择引流型产品，从而用引流型产品更好地吸引消费者呢？对引流型产品的选择和定位，主要有以下两方面的要求。

首先，我们要选择一款成本、价格都比较合适的产品。一款产品如果能够被选择成为引流型产品，首先其毛利率要趋于中间水平，它需要在大量同质化产品的包围中，拥有价格方面或者其他方面的优势，从而在各种竞争对手中间占据显眼的优势地位，在后期带来比较大的免费流量。

其次，引流型产品一般是能够让大多数顾客感到满意的产品，不能是小众的、大多数消费者无法接受或者没有购买需求的产品。因为"大众"和"个性"之间本来就存在着矛盾，如果产品比较有个性，那么能够接受产品的消费者数量必定不会太多，也就无法达到"引流"的作用。

优衣库是新零售服装行业的巨头，深谙稳健型产品结构的布局道理，如图2-7所示是优衣库的引流型产品。

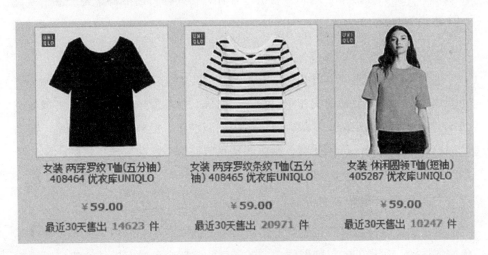

图2-7　优衣库的引流型产品

从图2-7中我们可以看到，这几件标价59元的引流型产品销量很高，近三十天内销售量都在10000件以上，条纹款达到了20000件以上。优衣库选取几款成本、价格比较低，大众都能接受的服装作为引流产品，将消费者吸引过来，进而在提高销量的同时提高店铺的流量。

如果引流型产品起到了较好的作用，那么就可以连带为其他产品带来流量，增加其他产品的曝光率。即使引流型产品的价格过低导致单项产品是亏损的，为其他产品带来的流量也可能使其他产品销售量增加，从而使新零售企业总的利润呈增长趋势。

2. 销量型产品

销量型产品也就是采取某些诸如降价、促销等措施打造的、拥有高销量的产品。新零售企业在使用引流型产品将流量吸引过来之后，将销量型产品作为吸引消费者的一项产品，让消费者在销量型产品上获得对品牌的认知度和熟悉度，从而和消费者建立良好的联系。

新零售企业设定销量型产品的目的一般有以下3种。

（1）清理库存

企业总会有一些生产过剩的积压库存，这些库存可能相当一部分是尺码不全或者款式陈旧的产品，消费者购买后消费体验可能不会很好，这个时候企业采取低价策略，在价格上对消费者进行弥补，将库存打造成销量型产品，就是一个不错的办法。

（2）增加销量

销售平台和销售渠道有些时候会对销售量和成交额提出要求，合作的公司可能也对企业的产品销量很在意。在这种时候，就需要依靠降价、打折等促销方式对销量型产品定价，就可以以低价吸引消费者，提高销售量。但是，促销产品期间却不能降低产品质量，避免消费者对品牌和企业形成不好的印象，否则就是本末倒置，影响企业的长期发展。

（3）让客户体验品牌产品

这是销量型产品最应当起到的作用。通过促销活动的低价，让消费者获得良好的体验，对我们的品牌形成良好的印象，然后企业做好后续的售后跟踪服务，从而提高消费者的"回头率"，让消费者对品牌印象深刻，从而可以继续购买品牌。

图2-8是优衣库的销量型产品，优衣库特意标注了"限时优惠"和降价幅度，以此来促使消费者迅速做出购买决定。

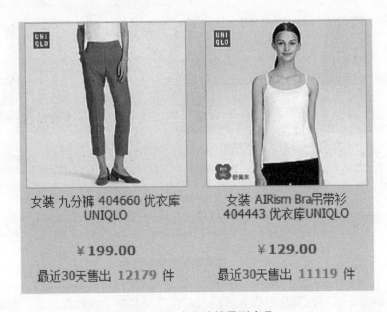

图2-8　优衣库的销量型产品

从图2-8中看到，这两款产品的价格和引流型产品相比并不算低，但是由于商家将其归类在"限时优惠"类别下，销量也较高，都在10000件以上，对新零售企业而言是盈利的产品。

3.利润型产品

利润型产品应当是产品结构中所占份额最高的产品。毕竟，盈利才是企业的最终目的。一般在新零售企业销售的各项产品中利润型产品的价格处于较高水平，单个产品利润较高，是企业获取利润的主要产品类型。

利润型产品由于价格过高，与销量型产品和引流型产品相比，愿意购买的消费者更少。故而，利润型产品是相对比较"小众"的。利润型产品适用于目标消费者群体里某一部分特定消费者，针对特定消费者群体的心理进行产品的设计生产，使利润型产品的特征和卖点必须符合这部分消费者的需求，才能使这部分消费者乐于购买。

图2-9是优衣库的利润型产品，一般在"新作商品"分类下，是当季的新品。

图2-9 优衣库的利润型产品

根据图2-9可以看出，优衣库的利润型产品都是当季的新产品，价格和引流型产品、销量型产品相比也比较高，款式也比较独特，其销量和销量型产品相比也减少了很多，但是单品毛利较高，也是优衣库盈利的一种产品。

因此，在进行利润型产品的设计时，应当在前期产品的设计制作过程中就对消费者的数据有一个把握，精准地挖掘这部分特定消费者群体的心理和需求，分析消费者内心的偏好，找到适合消费者的产品卖点、产品设计和价格区间等，对消费者的各个需求因素有一个全方位的定位。

4. 形象型产品

形象型产品，顾名思义，就是企业品牌各个产品中的"形象工程"。在大多数时候，"形象工程"是没有太多消费者购买的，但是由于它独特的概念和形象，使得企业品牌和品牌中各线产品都有了辨识度。对消费者来说，这恰恰是一个能让他们把品牌和其他的产品区别开的"标志"。而这也就是形象型产品的最大意义所在。

形象型产品一般是一些品质极高、极有特点、价格极高的小众产品，在企业的全部产品中，形象型产品应当有三五款，能够有效树立品牌的形象。形象型产品应当具备强烈而独特的设计风格，并以此来吸引消费者。然而由于高单价，形象型产品不会有太高的销量，也就是说，企业不会依靠销售形象型产品获取利润，而是用形象型产品提升品牌形象，进而靠这种效应吸引消费者购买其他产品，促进整个产品组合销售利润的提升。

因此，形象型产品在一个稳健的产品结构中是不可缺少的。优衣库作为一个较平价、存货周转速度快的新零售服装企业，没有价值过于高昂的产品。与天猫携手开拓新零售板块的YSL产品结构中就有形象型产品。

YSL将秀场的服装当作形象型产品，价格昂贵，而且不会有大量消费者购买，只是起到传递品牌的概念、树立品牌的形象的作用。因此，品牌人需要根据新零售企业的不同类型而具体情况具体分析。

2.3 定个好价格

定价策略在市场营销组合中至关重要，它通常影响着交易成败，同时又最灵活、最难以确定。新零售企业在考虑定价时，不仅需要考虑产品生产成本，也要考虑消费者对该价格是否接受，因而价格是一个由买卖双方共同决定的因素，反映市场的变化情况。接下来为大家介绍几种常见定价策略。

2.3.1 新产品定价

当新零售企业推出一款新产品的时候，定价是需要经过慎重考虑的。新产品由于其"新"的特点，技术领先，在市场上竞争对手不多。然而一项新产品刚刚出现，也会伴随着成本高、消费者认知度低的劣势。因此新零售企业不仅要考虑快速收回投入成本进而获得利润，也要考虑消费者对新产品的接受度——这也往往取决于新产品的定价。常见的新产品定价策略有以下（图2-10）3种。

图2-10　新产品定价策略

1. 撇脂定价

撇脂定价是指在新产品刚刚被开发出来的时候，企业为在短期内补偿开发成本，并获取高额利润，将新产品价格定得大大超出成本，然后再逐渐降低价格。因此又称高价策略。

撇脂定价的实行需要以下3个条件。

（1）产品的市场需求量大，需求价格弹性弱，消费者足够多，并且愿意为新产品支付高价。

（2）企业是新产品唯一的生产者，即使高价售卖也没有其他竞争者，消费者不得不购买此商品以满足需求。并且，高昂的价格使消费者认为新产品足够高档。

（3）价格过高使消费者减少，但是仍能给企业带来足够利益。

西贝餐饮名下的外卖企业西贝麦香村，在定价时就采用了撇脂定价策略，比其他外卖品牌高出10～20元，用高毛利弥补其高昂的租金成本，获取利润。但是，采用撇脂定价后，高昂的价格会吸引越来越多的竞争者加入。当有竞争者加入，企业就不能继续维持高价。

2. 渗透定价

渗透定价是指企业将新产品价格制定得相对较低，以低廉的价格吸引大量消费者购买，主要目的是提高市场占有率。渗透定价能使新产品迅速打开销路，抢占市场，使企业在市场份额上占据优势地位。

渗透定价的实行需要以下3个条件。

（1）产品的市场需求弹性大，价格的波动可以引起销量的显著改变，低价可以刺激市场需求，使销量迅速增长。

（2）企业规模经济效益明显，随着销量增多产品的生产成本将显著降低，从而使产品持续维持在较低成本。

（3）价格低廉利润微薄，可以阻止其他竞争者进入市场。

然而，如果企业规模不大，价格过低无法负担成本，将无法采取渗透定价。每日优鲜最初打开市场时就采用了渗透定价的方法，将产品定价定得较低，吸引消费者体验使用。

3. 满意定价

满意定价是指企业将新产品的价格制定在一个适中的水平，既不过高、也不过低。满意定价制定的是一种中间价格，它可以使消费者和企业都比较满意，愿意接受。

然而，如果价格定得不够恰当，就有可能同时拥有撇脂定价和渗透定价两者的弊端，使企业和消费者都不够满意。因此要谨慎选择在一个合适的价格。大多数新零售企业都是采用这种定价方法，是一种比较中庸的选择。

2.3.2 组合定价

通过观察超市里的情景，我们就能发现，消费者对不同类型产品的价格敏感度是不一样的。对价格的敏感程度体现在我们日常生活中，就是"贵/不贵"这样的心理感受。举个例子，我对洗衣机的价格敏感度就比较高，对经常购买的洗衣粉的价格就没那么敏感。这其中就有一些心理学和营销学上的原理。这对大部分新零售企业都将是一门必修课。

消费者对很少购买的产品的价格比较敏感，对经常购买的产品的价格不够敏感；对高价的产品价格敏感程度高，对低价产品敏感程度低。新零售企业应该运用组合定价的方法，将产品放在整个产品组合中考虑，并实现整体组合的经济效益的最大化。组合定价通常适用于互替产品、互补产品、关联产品等。同时，组合定价的实施要考虑多种条件的，具体有以下几点。

① 合理地确定高价和低价的区域，从而制定出让消费者乐于接受的价格。

② 保证产品的质量，使组合产品能够让消费者感到物美价廉，值得购买。

③ 成套的组合产品价格小于单独购买各项产品的价格之和。

知道了组合定价实施的场合，我们就来详细看看有哪些具体的方法。常用的组合定价方法有产品线定价法、选购配件定价法、附属产品定价法、副产品定价法和捆绑定价法等，如图2-11所示。

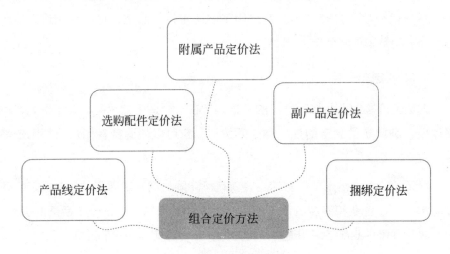

图2-11　组合定价方法

1.产品线定价法

根据不同消费者的需求和消费层次，在同一条产品线上，设计生产几种不同档次的产品并按档次设定不同的价格。例如美菜网会划分蔬菜的品质和定制，据此定不同的价格。

2.选购配件定价法

企业除了提供消费者需要购买的主要产品之外，还提供主要产品的相关配件与之搭配，因此设定不同价格的方法。例如盒马鲜生除可售卖生鲜之外，还可以提供现场加工服务，具备超市和餐厅的双重服务功能，并设置不同的价格。

3.附属产品定价法

用较低的价格销售主要产品这种方法来吸引顾客，用较高的价格销售附属产品来获取利润的方法。

4. 副产品定价法

在生产主产品的过程中,会生产出其他副产品,企业对副产品定价销售后,获得的利润能够弥补主产品的生产成本,从而可以使主产品价格降低,在市场上增加主产品的竞争力。

5. 捆绑定价法

将多种产品组合在一起捆绑销售,捆绑后产品组合的价格低于分别购买每个产品的价格之和。

2.3.3 差别定价

差别定价是指同一种产品对不同消费者、在不同的市场上制定的价格不相同,并且定价和产品的成本是不成比例的。这种定价方法又称为"弹性定价",是根据"顾客愿意支付的价格"来定价的。

这个定价方法实际应用的范围比较广泛,这里举一个例子,就是工业用电和生活用电的价格,一度电的生产成本是一样的,但是价格是不同的。这样的定价方法使价格更加接近每个消费者所能承受的最高限度,从而使企业在保证销量的同时也能获取在每个消费者身上所能获得的最高利润。

在某些营销人员看来,这是最理想的定价方式之一。用低价使愿意承担低价的消费者参与购买,也对有能力承担高价的消费者卖出了最高的价格。那么是不是所有的产品、所有的企业都能实行这种差别定价的方法呢?新零售企业能不能用到这种办法呢?接下来让我们看看差别定价具体需要哪些条件。

差别定价需要以下几个条件。

① 产品所面向的市场必须是可以细分的,不同细分市场表现出不同的需求程度,这样企业才能够细分不同的消费者群体,从而制定差别价格。

② 产品面对的市场相互之间必须是分离的,也就是说产品不能在不同的细分市场之间流通,否则差别定价就不会成功,价格高的产品是无法卖出的,而以低价售卖的产品将会在各个细分市场内流通。

③ 企业必须具备一定实力，被差别定价的产品的质量是有保证的，这样才能让消费者信任，从而不去购买其他可替代的产品。

④ 差别价格的实施不会引起消费者的不满，更不应当违反法律。具备这些条件之后，实施差别定价就有了依据。差别定价的范围是十分广泛的，企业要实行差别定价策略，主要是基于细分市场，基于体验优劣，基于时间、动态定价、产品价格等，按照供需状况随时调整。

2.3.4 心理定价

产品能够满足消费者的需求，有很大的原因是产品的价值符合消费者的心理需求。产品的价格也会使消费者在心理上产生相应的反应。因此，新零售企业可以通过研究消费者的心理因素，将产品的价格定得符合消费者的心理，从而在为消费者提供产品的使用价值的同时，也满足消费者的心理需求，以形成消费者对品牌的偏好。

产品心理定价的方式主要有尾数定价、整数定价、声望定价、习惯定价、招徕定价、谐音定价等几种形式，如图2-12所示。

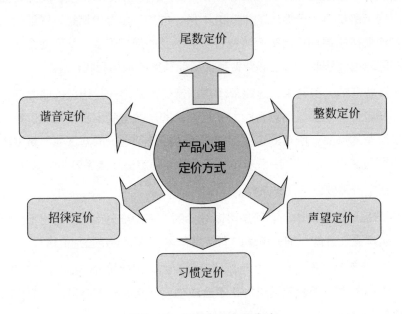

图2-12　产品心理定价方式

1. 尾数定价

尾数定价指在定价时给产品定一个结尾不是整数、而是一个零头的价格。比如9.98、3.99这样的价格的数字，消费者会对此产生偏好，大多数消费者也乐于接受这样的定价。这种策略在我们经常使用的生活用品定价中比较适用。虽然价格和整数之间并没有太大的相差，但是能让消费者对产品产生物美价廉的心理感受，也因为精确尾数的定价让消费者更加信赖。

2. 整数定价

与尾数定价相反，整数定价是企业故意将产品的价格定成整数，显示产品的高档、质量好。这种定价策略一般适用于价格较昂贵的产品，比如耐用品和高档产品，以及消费者不太熟悉的产品。消费者通常会有"一分钱一分货"的心理，认为价格高的产品应当质量好，从而在选择时倾向于购买比较昂贵的产品。

3. 声望定价

消费者有"名副其实""一份钱一分货"的心理，认为名气大的也就是享有声望的品牌，即使价格高昂，也是值得购买的。这类心理反应一般是面对稀缺品、高档品牌时出现的，比如豪车名表、珠宝古董等。有些消费者甚至认为高价才是身份地位的象征，这可以带给他们更大的心理满足。

4. 习惯定价

习惯定价指的是产品在市场上长期固定为一个价格，已经使消费者形成了习惯，这种价格被称为习惯价格。比如日常消费品，由于消费者经常购买，已经在心中形成了习惯标准，只有符合消费者习惯标准的价格才会被接受，不符合习惯标准的价格会引起消费者的疑惑。如果价格出现变动，那么如果价格降低，消费者就会怀疑产品质量有问题，价格升高会使消费者转而购买其他品牌产品作为替代，新零售企业需要注意这一点。

5. 招徕定价

为迎合消费者求廉心理，将产品价格定得低于其他品牌，用低廉的价格吸引消费者购买，虽然可能利润不高，却有可能让消费者对品牌印象深刻，从而带动整个品牌各类产品的销售。

6.谐音定价

针对消费者讨好口彩的心理愿望,在标价中使用"6"(六六大顺)、"8"(发财)等数字,制定比较吉利的价格。

2.3.5 地区定价

地区定价指由于产品销售的地区位置不同而规定不同价格。之所以出现这样的情况,原因主要是产品在到达销售地区会出现运输、储藏、管理等成本,地区定价的核心关键总体来说主要是运费的负担问题。新零售模式的一个重要支撑点就是物流和供应链,因此在某种程度上对地区定价也有要求。为解决运费问题,地区定价主要有图2-13所示5种常用定价方式。

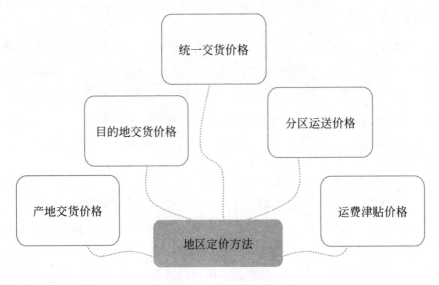

图2-13 地区定价方式

1.产地交货价格

产地交货价格又称离岸价格(FOB,Free On Board)指的是卖方按出厂价送到买方指定的运输工具上的定价方法。一旦货物移交给买方,货物所有权归买方所有,卖方承担运费、保险等一切费用。这种方式给卖方带来的风险最小,也最便利,但是不利于扩大销售范围。

2.目的地交货价格

目的地交货价格指的是卖方承担从产品产地到目的地的运费及保险费等费用,以此确定价格的方法。卖方承担了从产地到销售目的地之间的费用,风险较大,但是有利于销售范围的扩大。

3.统一交货价格

统一交货价格指的是卖方将产品送至买方所在地,无论远近都制定一个统一价格,这样可以减轻较远地区买方的价格负担,从而扩大销售市场。除此之外,企业维持一个统一的价格有利于对在各个地区销售的管理。

4.分区运送价格

分区运送价格指卖方根据远近,将整个市场划分为若干区域,在各个区域内实行统一价格。根据这个方法,距离较近的买方承担的价格相对于统一交货价格更加优惠。

5.运费津贴价格

运费津贴价格指卖方为买方补贴一部分或全部运费、保险费等费用负担。这种方法有利于减轻较远地区买方的负担,保持产品的市场范围,并且有利于扩大市场。

2.3.6 折扣定价

折扣定价是一种常见的定价方式,具体是指企业对销售的商品的基本价格进行某种程度上的让步,通过直接或间接的方法降价,从而吸引消费者,扩大销量。折扣定价又分为直接折扣和间接折扣两种。这些方法对于新零售企业增加销售量、迅速获取利润,并打开市场使消费者对新零售企业更加认可很有帮助,也有利于新零售企业清理库存、加快周转率。直接折扣方法包括数量折扣、现金折扣、功能折扣和季节折扣,如图2-14所示。

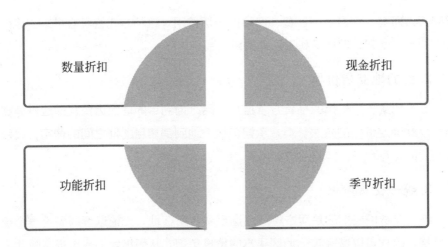

图2-14 直接折扣方法

1. 数量折扣

根据购买数量，划定不同折扣标准，购买数量越多，购买商品的折扣越大。数量折扣的目的是鼓励消费者集中在本企业大量购买产品，使消费者成为长期的、有忠诚度的顾客。这种方法在快消企业中比较常见。数量折扣主要有两种形式，分别是累计数量折扣和一次性数量折扣。

累计数量折扣指消费者在一段给定时间内购买商品数量或总金额达到一个标准，就按照总量给消费者一个折扣，目的是让消费者长期向企业购买产品，成为企业长期、忠诚的顾客。一次性数量折扣指消费者在一次购买产品数量、金额达到一定程度时，就给消费者一个折扣，鼓励消费者大批量对产品进行购买，从而使产品更快、更多地销售出去。

数量折扣具有明显的促销作用，而对于企业而言，折扣减少的单位利润可以通过销量的显著增长带来的利润进行补偿。除此之外，销量的增加意味着企业销售速度加快，企业因此会增加资金周转次数，使产品成本降低，从而导致企业总体利润提升。

2. 现金折扣

在规定的时间内，消费者提前或者用现金付款，可以享受的一种折扣称为现金折扣。现金折扣的目的主要是鼓励消费者尽快付款，进而增加资金周转率,减少其成为坏账的可能,从而降低财务风险。

现金折扣的实施一般包含三个要素,分别是折扣的比例、能够得到折扣的时限、付清货款的期限。例如"4/10, 2/20, n/30",指的是10天之内付款享受4%折扣,20天内付款享受2%折扣,30天内应该付款完毕,但21到30天之间不享受折扣,30天之后付款就需要加付利息。

现金折扣的销售方式主要是赊销或者分期付款,因此企业承担的财务风险比较高。有些企业附加风险费用以避免风险。然而如果分期付款的价格比折扣后全款现付的价格高出太多,可能不利于企业的销售,因此企业需要考虑如何通过科学的方法制定现金折扣的比例。

3. 功能折扣

功能折扣指企业根据其中间商在分销环节中的位置和功能不同,以此制定不同的折扣。目的是鼓励中间商大量订货,扩大企业的产品销售,形成良好的合作关系。除此之外,功能折扣还可以对中间商的成本、费用予以补偿,从而使中间商有一定盈利空间。

功能折扣在实施过程中,一般需要考虑在整个分销渠道中,中间商所承担的功能、责任、风险,还需要考虑其服务水平和最终完成的促销功能,从而形成购销差价和零批差价,有效的通过中间商扩大产品的销售范围、拓宽产品的销售渠道。

4. 季节折扣

生产具有连续性,而消费季节性鲜明的产品,一般需要实施季节折扣从而平衡季节之间的利润水平、调节供需矛盾。企业通过在淡季让出一定折扣,使产品的生产销售能在全年内相对稳定。比如说夏季的羽绒服促销和冬季海边旅馆的低价促销。

考虑季节折扣的具体实施时,应当主要考虑产品的生产、储存成本,以及基本价格和资金利息等。商品的季节折扣有利于库存商品的快速周转流通,加速资金回笼,使企业均衡稳定生产,避免季节需求变动带来的市场风险。

最后,关于间接折扣的形式有回扣和津贴两种形式。

1. 回扣

主要是指购买者按企业提供的价格购买产品并付款后，企业按一定比例将部分货款返还给购买者。这里指的购买者，一般是产品分销渠道的中间商，而不是产品的最终消费者。回扣一般是企业给中间商的销售补贴。

2. 津贴

主要是指企业出于某种特定目的，以某种特定形式给特定消费者给予价格上的或其他方面的补贴。例如以旧换新业务，将旧货折算后，消费者支付余款换取新产品，刺激消费需求，常用于产品更新换代快、旨在促进新产品销售的企业。

2.4 性价比最优化配置资源

在构建品牌的过程中，如何配置资源对新零售企业来说也是一项必须克服的难题。在找准定位之后，品牌人要针对正确的品牌定位找到最优的资源配置方案，对品牌定位进行投入。这样才能使品牌定位打入消费者的心中，将理论和路线转变为实际操作。

2.4.1 零成本做品牌都是异想天开，高品牌需要适当的高投入

"凡客体"让凡客诚品着实火了一把。当年10亿元的广告投入让凡客诚品进行了病毒式传播，也正是这样的高投入，支撑了凡客诚品当年的增长达到300%的惊人速度，并成功打造了凡客的品牌。

凡客诚品利用高投入成功打造了凡客品牌，但并不能说明做品牌必须要高投入。虽然高投入对品牌传播有一定的优势，但并不是必要条件。当然，另一个极端是0成本做品牌，这种做法几乎也是不可能实现的。

其实，做品牌和做企业在本质上没有明显区别。都需要结合产品和服务向消费者传递品牌内涵，在此基础之上对品牌进行相应的宣传和推广。

在新零售时代做品牌更是如此。新零售品牌的各企业在本质上与传统零售企业是一致的。现代商业中许多零售企业花费了高额的投入做品牌，努力提升品牌在消费者心中的形象地位。

不过，也有许多人做品牌的时候认为自己没有资源、不知道如何投入成本。但是实际上，在新零售的趋势下，越来越多的渠道涌现。如果品牌人说自己没有渠道、无法进行成本投入做品牌，无疑是懒惰的品牌人。

传统的线下媒体、线上流量媒体为品牌的推广提供了非常多的可能，因此对品牌进行一定的投入是品牌人必须做到的事情。只有进行了投入才能建立一个"好品牌"。

Dior公司就深谙其中的道理，作为一个高档奢侈品品牌，Dior本身就具有极高的知名度，但是即使本身就是一个响亮的品牌，Dior也没有减少对品牌的投入，就算已经进入了新零售模式进行新模式的探索，依旧加大对品牌的宣传。Dior不仅在线下传统媒体投放大量的广告宣传品牌的核心价值观，也在线上微博、微信公众号以及视频网站等各媒体上进行广告投放，做到了用高投入打造高品牌。

另外，Dior除了在以上这些媒体投放广告外，还举办了一些展览活动提升品牌的印象分。当然，这也是奢侈品牌惯常使用的方式。

反之，在当今这个信息爆炸的时代，作为一个名声不响的品牌，如果还没有足够的高成本投入到对品牌的宣传上，那么品牌的其他活动包括生产、销售等都是没有目的、脱离主题的，这些企业活动并不能代替在品牌上的高投入、不能结合品牌，对企业打响名声是没有助益的。没有品牌知名度的产品就无法在消费者中占据一席之地。

2.4.2 如何正确配置资源打响品牌

从2.2.1中我们得知只有高投入才能做出好品牌，那么，怎么样才能正确地将资源配置到各个渠道中去，从哪些途径投入才能使品牌有效地在消费者心中占据有利位置，从而打响品牌呢？主要有以下3个方法。

第一，线下投入做品牌。传统的线下媒体如电视广告、报纸杂志等载体依然在扩大品牌影响力与宣传推广时发挥着重要的作用。想要快速地扩大新零售品牌的影响力，在线下投入是不可缺少的，现在大多数传统的零售企业都进入了新零售的转型，但是在传统媒体上的广告投入依然没有减少。例如，在人流较大的地方铺设品牌宣传海报，在商场大屏幕放映广告，在地铁站和市中心张贴大幅广告等。

第二，发挥线上媒体的传播优势。由于网络的发展和新零售趋势的带动，网络上的信息流量能够在很大程度上将信息接收者转化为消费者。微博、微信公众号、个人网站、视频网站以及各种APP等都是能够为企业宣传品牌带来大量流量的渠道。

在新零售时代跨界联合，例如，江小白和同道大叔的跨界营销成功案例，也是一种新的品牌宣传方式。由于篇幅有限，本书将在后面的章节中提到。

第三，扩大市场份额、树立发展品牌形象。除了在线上线下进行品牌的宣传推广，企业自身的产品市场占有率提升、线下店铺的扩张等也是对品牌有效的宣传方式。当企业产品在市场上能够占据优势地位，品牌的影响力自然也会随之提升，这是相辅相成的品牌发展渠道。

在这3个方法中投入宣传品牌，合理配置资源，只要企业自身的产品和服务过关，那么就会获得高回报，企业的品牌影响力也能顺其自然的提升。在新零售时代，大多数新零售品牌都是3种渠道联动、共同投入以获取打响品牌的成果的。

2.4.3 军事思维与构建品牌的共通点

品牌战略思维在某种程度上源自军事思维。军事思维具有重视细节、重视处理过程、对比竞争等思路，对构建品牌来说都有非常重大的借鉴意义。在本小节中我们简单介绍几种在品牌建设中可供借鉴的战略思维。

第一个思维是弯路思维。弯路思维的意思是，当直接完成某样目标不可行、可能会被强大的竞争对手阻挡或者打击的时候，需要绕过强敌，从弯路寻找自身的发展之路。对品牌构建的启发是，当企业在行业同领域内拥有强大的竞争对手时，由于企业自身拥有的资源较少，发展较为缓慢，就需要使用弯路思维，思考被强大的对手忽略的区域是哪些，在这些空白区域中消费者的需求是怎样的。以此来构建品牌，获得消费者的认可，谋求自身的生存发展。

第二个思维是"不可胜在己，可胜在敌"。意思就是企业自身不能够在竞争中胜利是企业自身的责任，企业能够控制的只有己身不在竞争中失败，而是否能够在企业中胜利需要看竞争对手是否会出现失误，给自己胜利的空间和机会。对新零售企业的品牌构建的启发是，企业需要在品牌构建中坚守自己的路线不发生失误，在竞争中沉住气，坚守本心不动摇，等待对手出现失误的时机，抓住机会夺取胜利。

第三个思维是"不战而屈人之兵"，也就是说在品牌构建时要寻找正确的品牌定位，在竞争中寻找其他竞争对手的盲区进行品牌的定位和发展，占领没有企业占领的领域，在消费者心中占据优势地位，从而达到不战而屈人之兵的目标。

除此之外，军事思维还有很多方面值得我们在构建品牌时多多借鉴。这是品牌人需要不断学习补充品牌构建思维的一个重要源泉。

2.5 讲一个好故事

在新媒体企业快速打响品牌的过程中，使品牌变得有内涵、更容易被消费者接受的一个重要途径就是赋予品牌一个故事，让品牌不再是虚无缥缈的概念，而是有呼吸有脉搏、有血有肉的一个形象。

2.5.1 故事：传播的最好形式

《人类简史》中曾提到过，人类之所以能够在危机四伏的大自然中结合成群体并不断进化，原因是人类有共同的信仰，也就是说，共同的信仰让人类形成社群、得以生存。而这些信仰慢慢变化成一个个鲜活的古老传说流传下来，这些传说的流传范围极广，流传时间也极久。

将这一特性应用在新媒体品牌的塑造中，就可以理解为创造一个故事来传播品牌，并且这种方法在很大程度上是有效的。以故事为载体的传播形式能够吸引大量的粉丝，这些粉丝的转化率也是惊人的。

在新媒体时代比较流行的一个营销手段就是跨界联合，就是将品牌和产品将漫画、小说、电影等各种形式的故事结合起来，把故事的粉丝转化为品牌的粉丝，高效地进行品牌营销。

在很多时候，一个品牌有了故事，就能够超脱品牌和产品的束缚，由于其具有的故事性不断传播。即使并不是产品的消费者和使用者，也能在故事的传播过程中演变成品牌的潜在消费者。阿里巴巴的创始人马云的故事和阿里巴巴的品牌一起在故事的传播中被无数人接收并传播，也因此大量的潜在消费者在故事的受众中产生。

很多知名的新零售品牌都拥有一个和品牌紧密结合的品牌故事，在大量的实践中，品牌人发现故事是传播的最好方式。

2.5.2 如何讲好一个故事

想要讲好一个故事，就需要考虑好故事的各个要素，并针对各个要素完善一个故事。好的故事一定要能够和听众产生共鸣。新零售品牌想要通过将一个好的故事，将品牌信息传递给消费者，就需要能够和消费者产生共鸣。

那么怎样的故事能够使消费者产生共鸣呢？要让消费者听到故事并产生共鸣，可以在讲故事的时候注意以下3点。

第一，背景真实化。将故事的背景尽可能地放置在真实的生活环境中，把故事发生的环境和背景描述更加贴近消费者的生活环境，让故事的受众感到故事是真实的，是贴近现实生活的。

比如京东的创始人刘强东的个人故事就从他年轻时作为大学生和普通创业者的经历开始讲起，这样贴近普通人生活现实背景的故事有利于故事受众接受并代入自身。

第二，人物模糊化。放弃一部分人物设定，不需要将人物的能力、经历和性格描述得太详细。人物描写得太具象，虽然能够使人物形象更加鲜明，但是在整个故事中描述出来，可能会令没有经历过这些事情的故事受众感到迷惑，从而降低对故事的亲切感和代入感。

广大互联网转型的新零售企业在讲述品牌故事的时候就注意到了这一点。比如阿里巴巴在讲创始人的品牌故事的时候，就模糊了创始人的专业技术能力，而着重讲述创始人马云不折不挠努力奋斗的成功故事。这样能够使故事的受众更能带入到故事中去，从而有利于故事的传播和品牌的推广。

第三，情节的借鉴性。大多数故事并不是独一无二的，他们可能拥有相似的情节，这些情节大多数是借鉴了普通人身边发生的事情。大多数互联网公司的故事看起来都是很相似的，他们借鉴了生活中某些事情发生的情节，把他们化用到故事中去，不仅能够使故事情节更加具有可看性，也更能让故事受众产生共鸣。

能够让故事受众产生共鸣的故事就是好故事。也就是说，利用以上这3点，对企业的品牌故事进行组织和制造，让品牌故事能够引起消费者的共鸣，那么就有利于品牌形象的树立和传播，也有利于消费者熟知并记忆品牌，即使故事的受众并不能成为品牌的消费者，也能够成为品牌故事的传播者，扩大品牌的影响力。

2.5.3 一个理想主义者的创业故事

在本小节中我们将展开讲述一个成功的品牌故事的案例。

罗永浩开展过一次推广锤子手机的演讲，演讲的主题是《一个理想主义者的创业故事》。这次演讲中，罗永浩没有花费大量的时间介绍锤子手机的外观、性能方面，除了寥寥数语介绍一些具体的销售数据之外，其余的主要重心放在了有关他不断拼搏的创业经历。

演讲中罗永浩提及了他在手机行业创业中遇到的种种困难与不便，以及他个人解决掉这些麻烦的方式、获得的收获及事后感想。这次演讲的效果证明演讲是成功的，罗永浩的故事让许多听众与观众产生了共鸣，丰富了锤子手机的品牌形象。

在演讲中，罗永浩提到了4个主题，分别是锤子科技遇到的困难、锤子T1的数据及理念、"天生骄傲"的品牌价值观、告别"理想主义创业者"的身份。

罗永浩通过这四个主题，向消费者以及其他故事受众、甚至是竞争者传递了一个品牌故事。故事受众们从中可以看到罗永浩面对竞争者的商业挤压和舆论抹黑时展现出来的坚持品质、对待研发手机T1时做出的众多努力、锤子科技坚守"天生骄傲"的品牌理念的决心以及罗永浩决心在以后的企业经营中放弃"理想主义创业者"的身份并转变为企业家的决心。

罗永浩通过这个故事向消费者展现了企业创业过程的不易、辛苦获得的产品成果、品牌的理念以及未来的发展决心，不仅赢得了消费者的支持和认可，也成功讲述了一个能够被传播的品牌故事，扩大了品牌的影响力，为企业品牌做了一次有力的宣传推广。

罗永浩的《一个理想主义者的创业故事》演讲是一次与其他手机品牌的发布会截然不同形式的宣传，他重点向消费者宣传手机背后的故事而不是手机本身的客观数据属性，很显然，故事的形式让演讲变得鲜活而有力。

新零售企业也能够从这个案例中学到许多东西。新零售企业在发展品牌时，用一个易于传播的故事形式，能够更好地引起消费者的共鸣。在大多数时候，用故事这种传播形式传播品牌的价值观和核心理念，能够传递比广告多得多的内涵，更加具体地丰富企业品牌的形象，使企业变得有血有肉，更容易让消费者感到信任与依赖。

2.6 放烟花：让全世界看到你的美

在进行了前期的准备之后，接下来就是集中力量向市场展现品牌了。所谓放烟花，就是需要让全世界都知道你，这个时候企业要想方设法地让消费者了解品牌的产品、名字、符号、颜色、广告语、代言人。

2.6.1 集中一段时间全面曝光

新零售品牌的构建和推广需要企业在确定了正确的营销方案之后，将各种渠道的营销信息集中在一段时间内爆发，就像放烟花一样，给消费者造成冲击,让消费者对品牌产生深刻的印象。

在这一段时间中,企业可以将策划好的营销方案集中放出,例如在线上微博、微信公众号、视频网站等渠道投放营销信息,在线下投放传统电视、报纸等媒体广告,同时还需要同步开展营销促销活动,在各种渠道向消费者传递品牌信息,从而使消费者在任何场景下都感受到企业的品牌营销。

一个成功的案例就是天猫"1111"节日,在每年的十一月十一日前后这一时段,集合各种营销模式、联合新零售企业线下店铺对营销活动信息进行大范围、集中化的推广。我们也能够看到消费额度逐年攀升,证明这样的营销方式是有效的,值得新零售企业学习和借鉴。

所以,不想"品牌沉没",在品牌打造的前期阶段就要走自己的路,"聪明的花小钱曝光",曝光做不好的原因如图2-15所示。

图2-15 曝光做不好的原因

例如,网易云音乐节约时间、聪明花钱,从矿泉水到地铁站、从地铁站到跨界酒店,试想他们的下一次投放会出现在哪里?可以肯定的是最终会出现在一个音乐APP不该出现的地方。网易云音乐借助各方势力进行借势营销、地推推广等,让网易云的品牌logo遍布大街小巷。

2.6.2 事件营销的优与劣

事件营销指的是企业利用在某一时段内曝光度较大、社会关注度较高的人物或事件,通过策划和营销将品牌参与到事件中去,实现对品牌的营销和推广。事件营销在网络时代是一种较为普遍的营销方法,如果利用得当对企业品牌推广来说大有益处。因此,我们要重点区分事件营销具有的优势和劣势,扬长避短、妥善运用事件营销手段。事件营销的优劣如表2-1所示。

表2-1 事件营销的优劣

优势	劣势
收益率高	企业本身的劣势容易被舆论攻击
渗透性强	
整合资源形成口碑	
避免信息干扰	

事件营销有4个优势和1个劣势。事件营销的4个优势分别是收益率高、渗透性强、整合资源形成口碑和避免信息干扰，劣势是企业本身的劣势容易被舆论攻击。接下来本小节对此详细展开说明。首先，关于企业利用事件营销推广品牌的优势之处，如下所述。

第一，企业用事件营销的方法收益率高。事件营销中企业利用的事件一般是当前社会关注度高的热点问题，也就是说，企业如果将品牌运用事件营销的方法进行推广，就不需要进行引流和推广。这是一种投入较低而回报较高的高收益营销手段。

第二，企业用事件营销的方式推广品牌，渗透性较强。相比较于其他的营销活动诸如广告等营销，事件营销的社会关注度较高，许多不会关注广告的消费者也能够接触到社会事件，从而接触到品牌的事件营销，因此渗透性很强。

第三，事件营销能够整合资源、形成口碑。社会事件一般在传播过程中会出现在多重媒体诸如电视报纸、微博微信等各种线上线下媒体，在传播中让消费者相信信息的真实可靠性。企业的事件营销能够使品牌信息也兼具各种媒体传播的优势，并在消费者心中产生可信赖感和口碑。

第四，事件营销能够避免信息干扰。当今信息大爆炸的时代，信息的来源又多又广，消费者在面对纷杂的信息时，也很难将夹杂在其中的品牌信息进行有效的区分辨别。因此，企业进行事件营销能够有效隔离其他无效信息，使消费者直接接触到品牌信息，从而有效实现与消费者的沟通和联系。

但是，企业使用事件营销方式也有劣势。由于事件营销利用的社会热点是社会关注的事件，因此其中包含的品牌信息就会被全社会关注，在聚光灯下企业的任何行动都会被公众瞩目，假如企业本身的薄弱点和劣势，就会被社会媒体以及消费者进行舆论上的攻击，可能造成难以挽回的损失。因此在进行事件营销时企业应当慎之又慎。

2.6.3 史玉柱是这样做火脑白金的

可能各位读者都对脑白金的广告记忆犹新。很多人认为脑白金的广告太过恶俗，难登大雅之堂，也有很多人认为广告十分有趣和有特点，但总体来说，创始人史玉柱仍旧在各种争议中将脑白金做火了，其营销方法也成为营销学上的一项经典案例。

那么史玉柱成功做火脑白金背后的秘诀是哪些呢？在本小节中将仔细讲述史玉柱的营销秘密法则。

1. 721法则

所谓721法则，用史玉柱的话来讲，就是"花70%的精力关注消费者；投入20%的精力做好终端执行；花10%的精力用来管理经销商"。这背后隐藏的是史玉柱对心理学的仔细研究和深刻体会，史玉柱十分重视对消费者的关注，也因此，脑白金才能深入消费者的心中。

2. 测试法则

史玉柱认为，一个方法、一个政策是否能够成功，一定需要经过真正的实践才能得知。因此，做出任何决定都需要进行实际的测试，再进行大规模的投放。在多变的市场中，史玉柱将自己的各种营销手段进行不断地测试和调整，最终得出一个适应广大市场的方案大范围投入使用，才能获得成功。

3. 强势落地法则

强势落地法则就像是"放烟花"，集中各种手段在同一时间内对消费者发起冲击，用暴发性的姿态强势地结合线上广告与线下的推广以及商品的投放实施，强势落地占据消费者的关注点，从而既具有爆发性又具备整合性，对消费者产生深刻影响。

4. 塔基法则

史玉柱清楚地将目标市场定位为"塔基"，也就是数量最多的8亿消费者，是一线城市之下的二三线城市以及其他地级市、县级市，这部分市场不仅是最广大的，也是最有潜力的。

史玉柱正是拥有非常清晰的战略思维和谨慎的营销态度，才把脑白金做火、做强，使脑白金成为市场上稳固的保健品品牌。新零售企业在进行战略规划和发展时不妨对脑白金的案例进行深刻的理解和学习，取其优势将其应用在自身品牌上。

2.7 赢得认同，占领心智

做好一个品牌的最根本目的就是将品牌深深打入消费者的内心，获得消费者的认同。要想达成这个目标，只进行广告宣传、品牌营销和推广依然是不够的，还需要从消费者的角度出发为消费者提供更多的便利。

例如，在新零售时代，企业想要发展，就应该先扎下根、沉下心，坚持不懈地发挥优势、不断发展，努力做到走在行业的最前面，这样才能更容易赢得消费者的认同，从而让品牌在市场上站稳脚跟。

2.7.1 降低用户的决策成本

市场上同质化的产品纷杂交错，对消费者来说凭借一己之力进行决策、决策成本是日复一日不断提高的。但是新零售行业是依托互联网的优势、降低用户决策成本的新模式。

新零售企业依托大数据对消费者的消费习惯进行分析整理，能够为消费者提供最合适的几个选择项，消费者从中选择做出决策，正是大数据时代新零售发挥优势的体现。也因此，新零售企业降低用户的决策成本是必要的。最近依托于互联网技术得到发展的新零售无人超市以及生鲜配送网站，也都是依托大数据和自身供应链的优化，降低用户决策成本的实践。

2.7.2 从小米手机到小米之家

小米手机最开始仅在线上销售，在新零售时代的浪潮下，小米手机也开拓了线下销售场景：小米之家。小米之家更多的是小米手机的线下体验场景，是小米手机的新零售模式拓展。

小米之家坪效在手机行业中仅次于苹果，让小米手机能够集合线下的优势，更快更好地进行营销模式的改良。小米手机在向新零售模式转型时，销售额曾经有大幅度的跌落，形势不容乐观。但是小米之家的发展令小米手机又有了爆发式的增长，新零售模式的运用使小米重新焕发了新的生机。

小米创始人雷军曾在2017年提出"铁人三项"，也就是"硬件＋新零售＋互联网"，这三项如果全部能够做到，就能使小米立于不败之地。雷军压缩了运营成本，将更多的成本投入到新零售模式的探索中去，有在3年内开1000家小米之家的野心目标，在路线上是正确的。小米在发展过程中遇到困境的解决思路值得所有的新零售企业学习。

2.8 重复：品牌是沉淀出来的

当今时代各种品牌层出不穷，各自都有各自的优势。例如，良好的营销手段和动听的品牌故事。然而相当一部分的品牌都只是昙花一现，很快就消失在消费者的视线中。实际上，想要长久地在消费者心中占据一席之地，在市场竞争中占据份额，还需要进行积累和沉淀。

2.8.1 过度依赖营销是饮鸩止渴

过度营销的表现之一，就是将营销与广告投入对等，大手笔、大批量地投放广告，希望通过广告将品牌打入消费者的内心，而忽视了对消费者的关注和对企业本身以及产品的关注。大批量地投放广告意味着巨大的营销成本投入，而这些营销投入毋庸置疑会转嫁给消费者，消费者很有可能因此对品牌产生不好的印象，这是过度营销造成的有害结果之一。

另外，过度营销意味着大量的营销投入，也就是企业在用"疯狂砸钱"的模式与竞争对手博弈，在很大程度上可以说过度营销是一场豪赌，如果输了企业将损失巨大，即使赢了企业也有可能元气大伤。因此最近发展起来的众多新零售企业都已经不再过度营销，而是把更多的注意力转向了品牌的定位、产品的设计生产与服务的改良上。否则在这种高投入的过度营销中，可能会有许多企业被自身过度营销产生的资金亏损拖垮。

除此之外，过度营销可能带来消费者的抵触。虽然史玉柱通过恶俗的营销方式使脑白金大火一把，但大多数消费者对脑白金"恶俗"的评价也是长久不断，过度的营销带来消费者的抵触几乎是不可避免的事情。并且，过度营销也是企业将自身全面地放置在消费者的视线下接受聚光灯的检验，企业本身存在的劣势和缺陷，也会在过度营销中被暴露出来，给企业带来不好的影响。

故而，新零售企业对过度营销应该警惕。适度的营销对企业来说是合理有益的，但是营销绝不能过度，否则将会是一项得不偿失的成本支出。

2.8.2　为什么周黑鸭没有生在北上广

周黑鸭是目前炙手可热的零食行业的新零售品牌，诞生在新一线城市武汉，而不是北上广等传统意义上的一线城市。这带给人们很多的困惑：为什么席卷了全国的周黑鸭没有诞生在北上广呢？是不是武汉、杭州等新一线城市会代替北上广成为新零售企业在新一轮发展创业中的主战场呢？

实际上，武汉相比北上广来说资源并没有那么充足，但是周黑鸭却诞生在这里，这其中的源由不得不令人深思。从根源上来说，主要有以下3条。

第一，消费者的需求与产品的广谱性决定。周黑鸭能够在全国范围内做大做强，其根本原因就是周黑鸭的产品无论是从口味、质量还是从价格上讲都具有广谱性，也就是适应大部分消费者的。

而北上广出身的品牌，虽然在生活方式上能够被大多数消费者接受，但由于北上广创业的新零售企业大多数是以新中产阶级的消费水平作为定价标准，很难被大多数二三线城市接受。这也就导致了北上广出身的品牌产品和武汉出身的周黑鸭相比，其广谱性较弱，达不到周黑鸭同样的品牌影响力。

第二，商业上的空间平权逐渐实现。随着互联网的发展、线上线下场景的共同发展和物流的逐渐优化，商业上讲北上广的空间优势和其他新一线城市相比已经逐渐减弱。

在新零售时代，只要品牌的营销和推广做得好，即使在空间上位置不那么具有优势，也可以通过线上销售和物流运输的方式弥补企业在空间上的优势不足。因此，越来越多的新一线城市产生，企业在新一线城市发展相比于北上广成本更低，新零售企业的存活率也就更高，也能将更多的成本投入到产品和营销中去。

第三，野生企业更容易存活。与北上广地区在镁光灯下诞生的闪闪发光的各种风口创业企业相比，武汉地区的周黑鸭属于一种"野生"的新零售企业，不论是从模式上还是发展过程上讲都是朴素的"生意人"企业。也由于周黑鸭走踏踏实实努力发展的路线，或许更能摆脱外在的各种光环，回归本质做生意，而少了光环的负累就更容易产生好的结果，最终成就了其在全国范围内风靡的大好形势。

在周黑鸭的产生与发展案例中，周黑鸭诞生在武汉而非北上广的原因还有很多，比如武汉地区的政策支持，相比于北上广武汉地区的人力资源成本更低，和北上广相比武汉等新一线城市也有更大的试错空间等。因此新零售行业的发展也应当适当地把视线从北上广等地转移出来，把目光投向更广阔的市场。

第 3 章
如何让受众快速记住你的品牌

品牌营销：新零售时代品牌运营

BRAND

作为品牌人，经营品牌的根本目的就是让人记住我们的品牌，并且和品牌形成长期良性的互动。要想打造一个能够使人印象深刻的新零售品牌，就要从消费者的心理出发，关注品牌受众即消费者。本章将讲述如何从心理学理论出发，利用图片和文字两种方式制造记忆点，占据消费者心中的位置，建立、维持继而增强与消费者之间的联系，从而打造成功的新零售品牌。

3.1 品牌传播背后的心理学

由于新零售模式刚刚开始发展，消费者对此了解并不多，因此打造能被迅速传播的新零售品牌对吸引消费者进行体验十分必要。

从事品牌工作，品牌人实际承担的是一个沟通的重任。品牌人在同理心上要和消费者高度共鸣，思消费者所思。新零售模式本身就是深度挖掘消费者需求的模式，更需要我们掌握一些心理学上的知识，了解消费者最容易记住什么、看到什么图像会印象深刻、听到什么样的广告语会高度关注。

3.1.1 人们最容易记住什么？

作为一个品牌人，你印象里最深刻的新零售品牌有哪几个？为什么令人印象深刻？答案是能使消费者印象深刻的品牌无非是具有醒目的商标，引人注目的广告、品牌事件和品牌形象。那么什么样的方式和内容能够吸引消费者的注意力呢？我们可以通过同理心感受一下消费者的心理和处境，从而为消费者量身定做，建立一个记忆点，和消费者建立联系。

要想成为消费者心中印象深刻的品牌，让品牌在激烈的竞争中占据有利地位，我们就要理解以下几种主要的心理学效应，并加以运用。

1. 乐池理论

具体就是：假设台上同时有两人，当一个人说我有解决问题的方案，而另一个人在此时掉下了乐池，这个时候，绝大部分人的注意力都会被掉下乐池的人吸引。乐池理论说明了一个心理学现象：新奇少有的戏剧性事件更能吸引人的注意力。

这也就意味着如果品牌的宣传方式足够新奇有趣，那么可能会更吸引消费者的关注，有利于在消费者心中树立鲜明的品牌形象，从而提高品牌的知名度，建立和消费者之间的联系。

2. 感叹号效应

在信息传播过程中，相当一部分人会遵循"感叹号心态"。在极短的时间里，人们会遵循直觉，关注那些更具有爆炸性和话题性的内容，并且自发传播这个让人震惊的消息。

如果品牌使用了具有足够爆炸性的消息使消费者印象深刻，那么消费者不仅个人会对品牌产生关注，甚至有可能自发地传播品牌通过该消息输出的内容，进一步扩大品牌的传播范围。

3. 尖叫效应

许多非理性因素，会对人们对于一个信息是否接收产生影响。

因此通过有趣的、不断重复的或者采用先抑后扬、先贬后褒的手法，来传播品牌的消息，更容易吸引消费者的注意力，并且让消费者对品牌所宣传的内容较为信任。

4. 睡眠者效应

随着时间间隔越来越长，人们容易忘记传播的来源和途径，把信息内容和沟通者分离开，只保留对传播内容的模糊印象。

这就表明，即使一开始品牌使用了并不令人愉快的手段，比如通过不断重复直至令消费者感到厌烦这类方式，使消费者对品牌产生深刻印象，但是随着时间推移，消费者会逐渐淡忘当时的情绪，而只是将品牌传达的信息记住。

3.1.2 视觉锤概念的风靡

视觉锤理论由劳拉·里斯（Laura Ries）提出，她认为：传统的定位理论主要依靠文字的力量在消费者心中占据一席之地，这显然是有缺陷的；品牌要想深刻长久地留在消费者心中，还需要有视觉上的辅助和配合，有时候视觉的作用甚至大于语言的力量。

在当今信息大爆炸的时代，光凭语言的口号是不可能让人们记住的。我们可以回忆一下，在电影院见到的人，他们可能会大笑、大哭，情绪激烈；而那些读书的人，却很少有明显的情绪外露。这是因为人的左右两半大脑分工不同。左脑是语言思考区域，是线性的、理性的；右脑是意象思考区域，思维方式是图像性，感性的。新零售时代品牌如果要想利用定位理论钉入消费者的心灵，最好的手段不是通过文字钉，而是通过视觉锤，迅速进入消费者的视野，制造情感上的波动和共鸣。

天猫就深谙视觉锤理论，在长期的实践中获得了良好的成效，消费者一看到这个图标形象就会联想起天猫品牌，如图3-1所示。

图3-1　天猫logo

图片中由黑白两色组成的大头、大眼睛、小身子的天猫标志，在红色的背景下十分醒目，形象特殊而且有辨识度，消费者能够迅速地识别记忆。

新零售品牌更应该好好利用这套理论打入消费者心中，在设计一个品牌标志之前，营销者要首先确定品牌要传递的核心内容，将其作为一个文字概念表达出来，设定为将要钉入消费者心中的语言钉。值得注意的是，这个文字概念应当是可视觉化的。然后以此建立视觉锤，与之结合起来，发挥出最大的作用。

除此之外，在传达新零售品牌核心概念的时候，传达的内容最好是单一的、简洁的、直击人心的，组合视觉锤不断重复，实现对消费者的信息传递目的。

3.1.3 先取一个朗朗上口的名字

根据视觉锤理论，我们知道除了需要一个强有力的视觉锤，深入人心的"语言钉"不可缺少。而一个品牌的名字恰好是一个天然的语言钉，要让消费者能够记住品牌，就要求品牌的名字好记易懂、朗朗上口。我们可以参考一下2018年最具潜力的十大新零售企业的名字，就会发现它们早已运用了这条规则，如表3-1所示。

表3-1 2018年最具潜力的新零售企业（前十位）

序号	品牌	行业标签
1	盒马鲜生	生鲜O2O服务平台
2	苏宁小店	苏宁自营便利店
3	小米之家	小米生态链
4	每日优鲜	生鲜的特卖网站
5	便利蜂	新型24小时连锁便利店
6	7Fresh	京东线下生鲜超市
7	天猫小店	社区的线下天猫店
8	超级物种	主打餐饮+超市新形式
9	掌贝	店铺智能营销
10	美菜	农蔬电子商务网站

注：数据来自新零售家、IT168等互联网公开平台。

经过观察可以发现，这些有潜力的新零售企业品牌名称都有几个共同的特征：通俗易懂、易识别、好传播和有好的寓意。那么为什么这些好的品牌名称需要有这些特征呢？这是因为品牌命名需要遵循降低识别成本、降低传播成本和降低使用成本三种原则。

什么样的品牌名字能同时满足这些要求呢？我们通过分析，能够发现企业的品牌名称大致有以下3种命名策略。

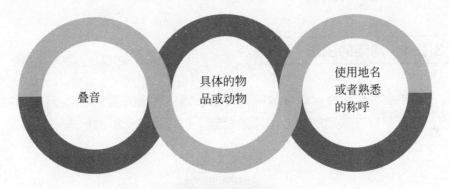

图3-2　命名策略

1.叠音

使用重叠的字组成品牌名称，读起来朗朗上口，给人一种听觉的愉悦感。例如阿里巴巴等。

2.具体的物品或动物

使用一种具体的物品命名，由于我们熟悉这些物品的名称，所以能对品牌的名字印象深刻。例如小米之家、便利蜂、盒马鲜生（谐音"河马先生"）、美菜网等。

3.使用地名或者熟悉的称呼

使用消费者本来就熟悉的地名或称呼作为品牌名，会使消费者对品牌产生一种亲切感，比较容易接受产品。这也是大多数新零售企业的母公司，将他们本身已经被消费者熟知的品牌名称加上一点改动、用作其名下新零售项目的名称的原因，比如苏宁小店、天猫小店等。

3.2 让品牌容易记住的10种视觉表达

结合视觉锤理论，我们可以用语言的方式对新零售品牌进行定位，将这个浓缩了品牌价值观念的语言钉转换成一种视觉符号，形成视觉锤，在消费者心中占据有利地位。接下来我们就展开讨论新零售品牌如何用视觉表达的方式使自己容易被消费者记忆。

3.2.1 简洁的图形

简洁是为新零售品牌创造视觉锤的关键。简洁的图案结合设计上的独特，可以使其在很远的地方都能被看到，例如每日优鲜的标志，如图3-3所示。

图3-3 每日优鲜logo

每日优鲜的logo看起来像是一个缺了一个口的圆形，这个独特的形状人过目难忘，很容易识别记忆。

简洁的图形不仅便于识别，还有利于消费者的记忆。越简单的图案越容易被记忆，而被记忆就意味着着品牌视觉表达的成功。另外，在利用简洁图案使消费者印象深刻的同时，还应当在图案的设计和选择上和品牌的理念一致,创造品牌和图形之间的联系,让消费者形成记忆点,传达品牌的价值观。

3.2.2 独有的颜色

独有的颜色是让品牌拥有辨识度的一个重要指标。许多和消费者的日常生活紧密相连、运营得十分成功的新零售品牌,都对拥有独特的颜色从而提高辨识度这门学问深有心得。长久对于潜意识的重复训练,会使我们对某种颜色代表的含义在脑中形成条件反射,当我们看到某一种特定的、具有辨识度的颜色时,会非常迅速地联想起以之为代表颜色的品牌,从而形成一种对品牌的熟悉感和信赖度。

但问题在于,足够独特、并一直对消费者形成强烈吸引的颜色并不多,基本色只有5个:蓝、绿、黄、橙、红。因此,率先进入市场,并且抢占了足够独特色彩的品牌,可能在某种程度上占据优势地位。新零售品牌便利蜂的颜色就是醒目的橙色,如图3-4所示。

图3-4　便利蜂logo

醒目的橙色能够迅速地吸引消费者的注意力,从而在消费者心中占据优势地位。颜色不仅能够吸引消费者的注意,还可以激发消费者的感情。比如,因为橙色不仅醒目,而且可以给消费者带来一种轻松、兴奋的心理感受。也就意味着,颜色甚至可以传递品牌的理念和价值观信息。

单一的、大块的颜色比纷杂的、小块的颜色更能让消费者记住,并且单一的颜色更能给消费者带来舒适的感受。人们很容易记住一种颜色,但是一旦颜色过于繁杂,消费者就无法将这所有的颜色全部记住。新零售企业在设计品牌标志选取颜色时,应该注意到这一点。

3.2.3 具象化的产品

新零售市场处于风口,竞争激烈。零售商要经营品牌,让广大消费者认知品牌,对品牌形成熟悉的心态,从而达到"先入为主"的目的,就需要通过一些具象化的产品让消费者对产品产生认知。

同时为了在消费者的心底占据地位,不妨使用一些夸张的手段来塑造产品使其更加具象,从而对消费者的视觉形成挑战。当今时代是一个个性化的时代,人们不仅通过消费满足自身的物质需求,还有相当一部分消费的原因是满足精神层面的需求,甚至可能通过选择、购买产品来表达自我。他们不仅仅是为了自我的心灵满足,也是为了让其他人都能了解他们选择产品所展示出来的自我个性。

盒马鲜生是新零售模式下的新型商超,和传统商超大不相同,作为一个生鲜零售品牌,盒马鲜生的产品就是与众不同的销售模式,它融合了商超、便利店、餐饮和电商,在盒马鲜生的门店里,可以在不同的区域享受到不同的功能,这就是它产品的具象化所在。

新零售品牌采用与众不同的设计能够使零售布局具有独特性,让消费者甚至其他人都能轻易地区分产品在同质化市场中表现出来的与众不同。

3.2.4 特殊的包装

很多情况下,产品本身是无法做到具有很强的异质性,看起来就与众不同的。那么通过对包装的琢磨和加工，就可以使之看起来大不相同，也能更在同类市场中吸引消费者的注意力。包装在这种时候就会显得尤为重要，那么新零售企业应该怎样包装产品，才能在市场上占有一席之地呢？

新零售行业归根结底是零售业，虽然采用了高科技的技术和渠道，但是我们依然需要从销售的产品上入手，研究销售商品的包装。以下6个要素是产品包装的要素，如图3-5所示，我们结合新零售下三只松鼠的案例，具体分析其包装的特殊性和优势。

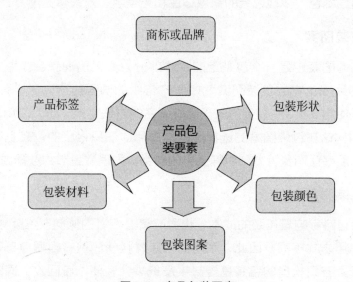

图3-5　产品包装要素

1. 商标或品牌

这是产品包装中应该包含的最主要的要素。因此，商标或品牌应该在产品的包装上占据醒目的位置，让消费者能够迅速识别品牌。例如，三只松鼠的松鼠标志在包装上占据最显眼的位置。

2. 包装形状

在考虑包装的形状时，主要要考虑两方面：一是储藏、运输和陈列的需求，二是吸引消费者以促进销售。一旦所有的产品都是一个模样，就会让消费者产生"看起来都差不多"的心理，在这时就需要在方便使用的基础上加一点特殊的设计，使产品"看起来不同"。三只松鼠的包装是便于运输的方形包装,为了保护坚果不破碎,包装严格按照运输便利的要求设计,为用户提供良好产品体验。

3. 包装颜色

包装的颜色是包装的要素中对消费者的刺激最有力的要素。这就要求包装的颜色应当突出商品的特性,采用鲜明而且具有特制的色彩组合,一方面强调品牌特征,另一方面对消费者形成强烈的感召力。三只松鼠的包装颜色是原木色,体现包装的绿色环保和无染色、对人体无害。

4. 包装图案

包装的图案也是一个包装上的主体部分,一旦出现就会作为主体吸引消费者的目光。它的包装图案就如同广告中的画面内容,是十分重要的。我们可以使用3.1.3中提到的关于品牌命名的方法中第二条,使用具体的物品或动物,这在包装图案的选择上同样适用。三只松鼠的包装上绘有坚果的图像,能够让消费者立刻明确坚果的种类,为消费者节约选择成本。

5. 包装材料

包装材料影响着包装的成本,也影响着消费者的倾向。包装材料不同,产品的使用方式不同,因此,不同的包装材料使消费者根据自身需求做出不同选择。三只松鼠的包装是塑封牛皮纸袋,轻便、可回收,同时也能满足坚果防潮的需求。

6. 产品标签

标签上印有包装内容、产品主要成分、品牌标志、质量等级、生产厂家、生产日期及有效期以及使用方法等。这是每种产品包装都必须具备的。

从以上所说的产品包装6要素中,对于增加销售产品辨识度最有效的几个因素是包装的商标、形状、颜色、图案,新零售企业应当将此进行重点关注。盒马鲜生曾经在产品包装上出现了失误,导致螃蟹上捆的绳子比螃蟹重,这引发了消费者巨大的不满和严重抗议,盒马鲜生CEO侯毅果断发文承认错误,并承诺以后卖螃蟹再也不捆绳子,这种坦诚、知错就改的举动挽回了遭受损失的消费者,也赢得了更多消费者的赞赏。

3.2.5 动态表达

品牌的视觉表达不应当只局限在静态的图形、颜色、产品及其包装上，在某种程度上动态的视觉表达比静态的视觉表达更加有效。视觉上的动态表达需要依靠视频广告。一个比较能把控动态的媒体就是电视广告。

例如，天猫小店曾拍摄了一支视频广告，从店主、消费者、供货商三个角度展开讲述天猫小店的工作流程，展示新零售模式下的天猫小店，让消费者了解并且乐意尝试。

相信这个动态演示的广告比简单的语言文字描述更能让人理解，这就是动态视觉表达的力量。与静态表达相比，动态表达可以包含更多的内容，传递更多的信息，将品牌的理念和产品的价值更好、更快、更有效地传递给消费者。

视觉的动态演示，如果再加上一些令人震惊的元素，就让人容易记忆，甚至会提高人们的信任度。绝大多数品牌离不开动态视频广告的投放。与此同时，网络媒体的发展使动态视频广告有了除电视广告之外更广阔的舞台。新零售企业由于同时具备线上线下的双重优势，不仅可以通过各大视频网站投放视频广告，还可以在自己的电商主页平台，做出产品或者品牌理念的动态演示，也能在线下向消费者提供实体的体验。

在进行品牌的动态表达时，广告中不仅会包含视觉锤，也会包含语言钉，这就是动态表达能发挥更大效果的深层原因之一。品牌商抓住这个时机，将视觉锤和语言钉在中心思想上统一起来，共同发力，宣传一个核心理念，就会使动态表达的力量更为强大，对消费者形成有力且有效的感染。

3.2.6 创始人做吉祥物

当我们提到创始人的时候，就会充满了向往的情绪，消费者也是这样。他们有一个心理概念：这个品牌的创始人是怎么样的，那这个品牌可能也就是这样的。很多时候，一个品牌的创始经历是具有传奇性的，创始人也是具有传奇色彩的人物。

通过对创始人人生经历和意志品质的解读，我们能意识到品牌更深层次的内涵和理念，从而体会到许多用语言以及其他方式都无法全部表达出来的内容。因此，在某种程度上，品牌自身的创始人可以成为品牌最好的代言人。换种说法，创始人经过适当加工，可以是一个企业的吉祥物。

典型的例子就是阿里巴巴的创始人马云，他不仅是一个企业的创始人，更是时代的开创者，他推开中国的电商时代的大门，也是新零售时代的探路人。他名下的天猫无人超市、天猫小店和盒马鲜生，都是对新零售模式的探索和实践。由于他本人传奇性的经历和惊人的成就，消费者将马云看作一个文化标志，同时也把他看作企业不折不扣的品牌吉祥物。马云的一举一动都能为品牌带来影响。

虽然使用创始人的形象作为吉祥物，能够增强视觉锤的作用。但是创始人的言行举止，可能直接影响到品牌的形象。因此创始人应当仔细维护自己的形象，任何公开的发言和举动都应该是谨慎考虑后的决定。

3.2.7 常用符号特殊化

符号承担着一个越来越重要的作用，它将无形的含义视觉化，并在含义与图像之间建立固定的联系，让人们一旦看到这个符号就会联想其背后代表的含义。符号作为品牌的表达方式之一，常见于各个产品、广告牌和网站上。

我印象最深刻的一个符号是和天猫合作走上新零售之路的耐克的符号，如图3-6所示。即使耐克的品牌名称并没有出现在任何地方，但只要这个

图3-6　耐克标志

符号出现了，我已经接受了"耐克"和这个符号之间存在固有联系的大脑，就会马上告诉我，这个品牌是耐克。不管是出现在运动鞋、棒球帽、运动服上都是这样。

除此之外，将品牌用一个连贯而且上口的词表达出来效果会更好。具体的例子比如说超级物种、良品铺子、猩便利等。以中国人的中文思维考虑，我们总是倾向于记忆并理解那些合乎语言韵律和逻辑思维方式的词语。

某些时候，一个合理的词语本身就拥有一定的含义。我们使用的汉语是一种十分具有魅力的语言，即使仅是一个字，也可以包含很多的概念信息，而组成顺口的2个到4个字的词组，就会包含相当一部分的品牌理念，这对于品牌人来说是可以好好利用的。

比如美菜网，从品牌的名称上就能很好地体现出来，其作为新零售企业为消费者提供的服务，努力向提供优质服务方向靠拢。

3.2.8 名人代言

名人代言也是现在品牌树立形象、提高知名度的一个常用方法。名人本身会带来大量的流量，对于扩大品牌影响力有良好帮助。然而由于名人做广告的方式现在已经被普遍使用，在采用这种方法扩大品牌影响力的时候也需要进行一系列的考察和准备。

我们会发现，很多品牌都聘请名人做广告，他们收到的效果却不尽相同。有些品牌在名人代言后获得了更多的消费者关注，另一些却收效甚微。归根结底，是因为消费者十分善于分辨名人的哪些推荐是发自内心的、哪些是虚假不可信的。

除此之外，网络时代使得当红的"高颜值"明星拥有大量的粉丝，许多粉丝会因为明星代言了产品而转化成其消费者，为自己的偶像"买单"。小米之家请了当红明星吴亦凡为产品代言，虽然代言费是一笔高昂的支出，但收获也是十分丰厚的。

现在很多新零售企业都会邀请微博上的知名博主发布广告，博主们对产品进行评测，向消费者报告测试结果，从而取信消费者。然而，即使请名人拍摄广告，也不要轻易地将名人作为品牌理念的核心推广者，就是说谨慎选择名人代言。主要有以下3个原因。

1. 名人代言费用高

高娱传媒发布的2017年明星代言费用数据显示：一线明星代言费300万元人民币/年起步，最高可高达900万元人民币/年，二线明星代言费报价在100万～299万元人民币/年，因此，代言费用是十分高的，如果请名人代言，对很多企业来说将会是一笔不小的成本支出。

2. 名人和品牌联系较小

如今在我国比较主流的代言主要是明星的代言，各行各业知名人士代言不多。而目前流量多、热度高的明星大多是年轻靓丽的面孔，他们的形象就决定了很多品牌和他们之间的联系十分微弱，即使聘请他们做代言人，也没有消费者会相信这些明星会真的使用这些产品。因此要选择一些至少和品牌的形象和产品相关的名人做代言人，名人的特质符合产品的特质，让消费者相信至少他也是会使用这款产品的，才能取得较好的效果。

3. 名人也有弱点

名人也具有人性上的弱点，很多时候如果为品牌代言的名人犯了错误，就有可能影响到品牌，甚至有可能让消费者对整个品牌有质疑。而且，当名人不再出名，名人的代言效果也会大打折扣。因此，请名人为品牌代言要慎之又慎，新零售企业也不例外。

3.2.9 把动物人格化

品牌使用消费者熟知的各种动物作为品牌标志，有利于消费者对品牌产生亲切感，拉近和消费者之间的距离。苏宁就掌握了这一点，设计了一个亲切的动物形象，动物形象拟人化并卡通化使得这些标志容易让人产生好感，对小朋友们更具有吸引力，如图3-7所示。

图3-7 苏宁logo

苏宁将图标设计成一个黄色的小狮子的形象，在简单易记的同时，也能拉近和消费者的距离，让消费者能够对这个可亲的形象产生情感，进而对品牌产生熟悉感。

许多企业，尤其是许多新零售企业，都会以拟人的手法、夸张的表现形式设计一个具象的图形化符号，来吸引消费者注意，塑造企业形象，也就是我们所说的品牌吉祥物或者直接作为品牌标志。这个形象不仅代表了产品特征的一个具有特殊精神内涵的形象，还能为企业带来良好的辨识度，在市场竞争中突出企业形象，传达企业自身的经营理念和品牌核心精神。例如，盒马鲜生的河马图案，天猫小店的黑猫等。

3.2.10 尊重积累的力量

如今，消费者们更热衷于那些"原创的""正宗的"产品和服务，通过符号表达出品牌的历史积累才是最聪明的做法。市面上的仿冒产品极多，它们可以做到和正品看起来、摸起来、用起来都一模一样，然而没有品牌的支持，这些产品就永远不可能让消费者在心理上感受到和正品相等的价值。

有一个传播广泛的笑话，讲的是一家小店招牌下面挂着一条横幅，上面写着"百年老店"4个大字，让人肃然起敬，但是走近一看，就会发现"百年老店"4个字前面有一个小字"离"，后面有几个小字"还有九十九年"，合起来就是"离百年老店还有九十九年"，让人感到十分滑稽。虽然是个笑话，但是我们需要从中看出积累和传承对消费者的巨大影响。

现在我们一谈起网购就会想到淘宝，正是因为它是最早打入市场的品牌，经过了较长时间的发展和积累，已经在消费者心中形成了"正宗""经典"的印象。

这些品牌在时代的发展中也一直维持着领先地位，他们的战略是绝不随着风吹草动轻易改换品牌的定位和视觉锤标志，因此在消费者心中形成了这些品牌是"有传承""有积累"的企业的概念。

全聚德是一个历史积累十分深厚的品牌，然而近五年来营业收入增长停止，处于稳定的水平难以突破，甚至隐有下滑趋势。除了竞争激烈之外，全聚德的品牌定位不明是重要原因之一。

全聚德想要在新零售的趋势下乘风而起，依托美团平台发展线上外卖业务，想要兼顾线下高价精品和线上平价外卖，但是全聚德没有足够的大数据分析系统作为支持，又同时面对来自中高端市场和低端市场的竞争压力，应接不暇。

此外，全聚德没有明确理解自身限于宫廷秘制烤鸭的定位优势，没有在自己本身趋于成熟的烤鸭流程上再创新，做出精品，而是滑向中低端市场，随意改变品牌的定位，探索不符合定位的经营方法和策略，最终的结果证明这是不可行的。假如全聚德精于自身"宫廷秘制烤鸭"的定位，深度挖掘，又有品牌历史的加成，那么很有可能在市场竞争中占据更大优势。

3.3　如何写出高传播性的广告语

广告语作为品牌形象的重要组成部分，从某种意义上来讲如同品牌的形象核心，它概括了企业的形象和标志，有助于消费者对品牌及其产品的识别和记忆。新零售时代下，广告语也是传达新零售企业品牌理念的重要工具。很多时候，一条深入人心的广告语将为品牌带来很多忠实消费者。

3.3.1 广告语的3个作用与常识

广告语作为企业整合形象传播中的一个重要符号,承担着连通企业和消费者的重担。好的广告能够让品牌在一众同质化产品中脱颖而出,给消费者留下深刻的印象,进而使消费者产生购买的欲望。新零售作为一个新兴的行业,更应该关注广告语的使用,使消费者能够产生去了解、体验的兴趣。广告语主要有以下3个作用,如表3-1所示。

表3-2 广告语的3个主要作用

1	演绎品牌定位
2	触动目标受众
3	拉动产品销售

1. 演绎品牌定位

广告语中应当包含品牌和企业的精准定位。在给品牌进行了精准定位之后,以此为基础设计广告语,精准有效地面对目标消费群体投放广告,让消费者明白品牌产品的定位,从而使消费者明白产品的功效及作用。

2. 触动目标受众

在明确了品牌产品的定位后,需要界定哪些是目标消费群体。针对目标消费群体制定广告语,和消费者达到情感上的共鸣,才能触动消费群体,进而使他们产生购买的需求和愿望。

3. 拉动产品销售

一句好的广告语如果做到了精准定位、触动目标消费者,就可以拉动产品的销售。

除此之外,广告语的创作应当遵循简洁凝练、通俗易懂、朗朗上口、新颖独特和主题突出这几个常识。每日优鲜曾经投放过"好好吃饭,用心生活"系列广告,在地铁站、公交站等地张贴海报,撰写文案进行宣传,扩大了品牌的知名度和影响力。

3.3.2 准确表达品牌定位

广告语应当准确地表达品牌的定位。企业从消费者的需求出发,把整个市场区隔定位,而广告语应当演绎这种定位,向消费者传达品牌的独特定位价值和定位信息,进入消费者内心。在分析新零售企业用广告语表达品牌定位的方法之前,首先需要说明如何准确挖掘品牌定位。

品牌定位的着眼点是扩大和宣传品牌。由于目前市场上同类产品的同质化严重,消费者无法通过简单的识别在同类产品中区分优劣,更无法分辨两家不同品牌但都着眼于生鲜配送的新零售企业有哪些差异。因此,新零售企业之间的竞争归根结底就是品牌认知度和认可度的竞争,谁先在消费者心中树立了品牌形象,谁就能更早拥有更多的消费者。一般而言,可以通过下面这几种定位手段树立品牌定位,用广告语传递定位信息,如图3-8所示。

图3-8 广告语表达品牌定位的方式

1. 抢先定位

抢先定位指企业为求自己的产品及品牌第一个进入消费者心中，并抢占市场第一的位置，以此设置广告语进行广告定位。

2. 强化定位

强化定位是指企业即使已经成为同类产品市场上的领导者，依然不断强化在消费者心中的形象，以此确保企业的品牌和产品长期处于第一的地位。要点就是利用广告语不断加强品牌在消费者心中的印象，绝不给竞争者可乘之机。

3. 比附定位

比附定位是指企业不仅对自己的位置定位准确，还对竞争者精准定位，用比较的方法建立自己和竞争者的品牌地位之间的关系，通过比较在消费者心中占据一席之地。

4. 逆向定位

逆向定位是指企业因为将面对强大竞争对手，索性将自己树立为"非同类"的形象，从而远离与竞争者之间的竞争，以独特的面貌抢占消费者心中的地位。

5. 补隙定位

补隙定位是指企业根据自己的特点，寻找市场上同类产品在消费者心中未占领的空间，找到空隙，在某种程度上开辟独特的市场，减少竞争者，提升独特性。

成功的定位策略一旦被广告语精准表达，新零售企业就能在激烈竞争中占有一席之地，具备其他竞争者不具有的优势，在消费者心中占据独特的位置。因此，精准把握新零售企业的品牌定位是至关重要的。

3.3.3 再短的广告语也要充满"诱因"

好的广告语就是品牌的眼睛。大多数消费者记住一个品牌都是从一句广告语开始的。在新零售品牌的竞争中也是这样。广告语具备广泛重复传播的功能，这就要求广告语要力求简短，单纯明确。然而如果广告语太过简短又缺乏个性，那么作为品牌定位的表达形式，广告语将索然无味，也就无法吸引消费者关注品牌、购买产品。

因此，即使广告语再简短，也要有其个性，能够使消费者产生兴趣，使之在众多广告语中脱颖而出，从而达到让品牌在消费者心中占据一定地位的目的。如何才能写出能够"诱惑"消费者的广告语呢？这需要让消费者能够从广告语中体会到以下这些感觉。

1. 符合客户要求

要迎合消费者的需求，了解消费者需要什么，并在广告词中描述出来，让消费者知道"我们有你需要的东西"。比如在新零售模式中探索的良品铺子，曾经用"让嘴巴去旅行"的广告语，向用户表达其能够满足消费者对零食的要求。

2. 建立联系

新零售企业作为新模式的产物，需要向消费者介绍自己，用消费者熟悉的概念介绍自己，使之能够理解企业提供的产品和服务的具体概念。美菜网的广告语就是"中国移动生鲜电商品牌"，让消费者了解企业提供的产品和服务。

3. 参与或者拥有的感觉

新零售企业需要塑造消费者使用产品、体验服务的场景，让消费者有参与感，从而对实际体验产生兴趣。京东旗下的7Fresh广告语是"一周7天，每天新鲜"，就是将消费者带到在7Fresh消费的情境中去，让消费者能够感知到，在7Fresh每天都能购买到最新鲜的生鲜食材，为消费者营造参与感。

4. 贪婪

可以通过降价、打折、促销等方式，吸引消费者前去体验，并为他们提供超出预期的产品和服务，使其对企业产生认可。每日优鲜刚刚开始推广的时候经常打出"59-30"也就是消费满59元减30元的口号,让消费者体验性地尝试,有利于其对企业增加熟悉感并习惯企业的服务。

3.3.4 用数字说话

近年来,广告中运用数字的案例屡见不鲜。在广告语中合理巧妙地使用数字,使广告语的语义更加丰富多样,广告效果也得到了相应的提升。广告语因为数字的存在变得更加具体可感,广告及其内含的品牌理念也得到了更广泛的传播。具体而言,广告语中采用的数字,主要是为了满足广告中的具体化、夸大化或抽象化3种诉求。如图3-9所示。

图3-9 广告语的三种诉求

1. 具体化诉求

在广告语中运用具体化的数字推荐品牌产品,可以避免广告语中出现大量苍白无力、模糊不可感知的形容词,采用具体可感的数字使广告表达的思想更加真实可信。比如7Fresh的"一周7天,每天新鲜",就是为了具体描述产品的新鲜程度。采用数字表达主要可以满足广告语中以下3个层面的具体化诉求。

(1)时间上的具体化。通常品牌在广告语中添加具体数字时间、宣传品牌历史时,品牌以此争取消费者的信任和认同。但有时也出现具体数字夸赞产品的品质用以吸引消费者购买。

(2)空间上的具体化。经常用来夸赞产品在较广的范围内传播。借以劝说消费者购买。或者出现在对产品的直接描述上,叙述产品的总体性能。

（3）产品深度的具体化。通过描述产品某一方面特质的方式，宣传产品品质，以此吸引消费者购买。

2. 夸大化诉求

在广告语中使用夸大化诉求，用数字虚指，不传达精确的信息，传达模糊夸张的信息。主要有以下两种运用方式。

（1）用满数（虚化百、千、万等数词的含义）表达"扩大"的信息。

（2）用歉数（"歉数"相对于满数而言，即用最少的数量透视最大功效）营造落差，产生夸张效果。

3. 抽象化诉求

在广告语中使用一组数字组合，拓宽广告语言的表现空间，从而为修辞手法提供空间。主要有以下两种方法。

（1）对比。用两组数字表示对立的两个产品，广告作为裁判，通过对一方的选择和对另一方的批评给观众传递产品信息。

（2）谐音。在特定的语言中每个数字对应相应的字符，表达隐藏在数字后的字符的语义，向消费者传递一种简明趣味的信息。

3.3.5 勾起消费者底层情感

市场上产品同质化问题越来越严重，产品之间互相都存在可替代性，消费者已经不再像过去一样，最关注产品的功能性要求。因此一种新主张发展出来：ESP（Emotional Selling Proposition）理论，即情感销售主张，意为结合消费者的心理特征，由向消费者展示产品物理属性，转变为让消费者获得情感满足，新零售企业可以通过广告，与消费者在情感上共鸣，从而吸引消费者。

消费者使用产品后获得功能性的满足，这种满足的最深层是消费者个人内心的情感满足和个人价值的实现。情感包括道德感和价值感，新零售企业要想迎合消费者的情感，就需要在广告中体现出产品与情感的联通。具体有以下5种情感，如图3-10所示。

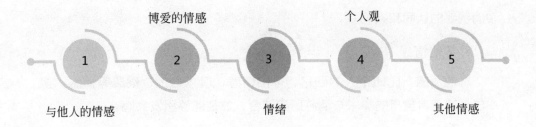

图3-10　广告语需要迎合消费者的5种情感

1.与他人的情感

与他人的情感包括亲情、友情、爱情，是人类最基本、最重要的感情。在广告中融入这些感情，可以引发消费者对情感的联想，与消费者产生情感上的共鸣。2017年春节时天猫小店年货节打出子女为父母购买年货的广告，就是在亲情上感染消费者。

2.博爱的情感

博爱的情感是指集体情感，包括对国家、民族、社会的情感以及公益情感。将广告与社会时事热点相结合，不仅能够吸引消费者的注意，还能借机宣传品牌及产品，拉近与消费者的距离，增强消费者对品牌的识别度。京东作为新零售时代的实力企业，通过"中国家电"和"中国红"对产品营销，将销售产品同消费者的爱国情感结合起来。

3.情绪

情绪作为情感的外在表现，主要有喜、怒、哀、忧、恐、惊几种。通过营造一种情绪，可以使消费者产生情绪上的共情，从而给消费者留下深刻印象。

4.个人观

个人价值的实现和积极的价值观，能够对消费者产生激励，让消费者产生心理变化，从而加深其对品牌的记忆，品牌因此能够占据消费者心理的位置。同样在新零售潮流中积极转型的唯品会拍过一组广告宣传片，拍摄了几组普通人的生活，传递了一种积极向上、努力生活的价值观，引起了消费者的认同和共鸣。

5.其他情感

其他情感,比如个人的回忆、怀旧情感,追求自由、健康等情感。将广告与消费者自身的需求与情感愿望结合,往往能够引发共鸣。

第4章
品牌如何高效地将自己推广出去

品牌营销：新零售时代品牌运营

BRAND

新零售在我国仍然是一个比较新的概念，如今，将新零售品牌名声打响，快速高效地在新零售浪潮中抢占先机，是我们品牌人应该重视的事情。本章重点讲解高效推广品牌的指导思想和具体方法。

4.1 搞定消费者之前要了解消费者

消费者是我们品牌的最终接受者，因此，"搞定"消费者就意味着推广品牌成功了一半。消费者也是品牌的朋友，对于结合大数据、精准对接消费者需求的新零售品牌来说，消费者更加重要。因此，了解消费者是我们品牌人的必修功课之一。

4.1.1 大众消费者挖的是底层需求

大众消费者的购买决策受到多种因素的影响，品牌人尤其要关注底层需求的影响。底层需求是根据马斯洛需求层次理论划分出来的，主要是指消费者的物质层面需求。新零售品牌针对大众消费者挖掘底层，有以下几个例子。

盒马鲜生线下店铺的结构就是紧抓大众消费者底层需求设计的。盒马鲜生的线下店铺中布置了海鲜选购区域，并实施"无人超市"模式，让消费者能够无人自主购买，满足其针对的主要消费者群体，即90后年轻消费者群体的"私人消费时间"需求。除此之外，盒马鲜生的线下店铺针对消费者"不会做""不容易做"海鲜产生的需求，提供现场加工食用服务，满足了消费者的底层需求。

三只松鼠作为早期主要在网络上销售的零食品牌，在建设线下店铺、结合线下优势发展的趋势下，其线下店铺也是严格复核大众消费者的底层需求的。三只松鼠线下店铺的主要目标是那些网购并不太发达便利的三四线城市，能够让消费者在除网购之外的途径中享受到三只松鼠的产品服务。

除此之外，三只松鼠线下店铺更有意义的部分在于能够为消费者提供除产品购买之外的其他服务，也就是说会带来更多元的体验，比如设置儿童体验专区、设置KTV区域等休闲活动区域，能够让消费者的休闲需求得到满足。除此之外，三只松鼠线下店铺还在每周六面向消费者举办音乐会、cosplay舞蹈会等活动，满足消费者的娱乐、社交需求，增强三只松鼠轻松快乐的品牌理念氛围。

作为新零售品牌，要想在激烈的竞争中成为成功的、能够被大众消费的品牌，必须要挖掘消费者内心深处的底层需求，然后从消费者的角度出发，了解消费者对产品在物理层面的具体需求，为消费者提供能够完全满足其底层需求的产品和服务，在消费者心中留下可信赖的深刻印象。

4.1.2　企业如何快速找到目标消费者

由于新零售的发展，当前的市场已经被层层细分，各个细分市场小众化、个性化，这与传统的市场结构有了明显的区别。因此，过去企业站在自己的产品角度，用统一的对策应对市场大众消费者的模式已经过时。想要在新零售市场占据优势，就必须明确企业面对的这部分小众的、个性的消费者群体，不仅需要明确这部分消费者的消费特征，还要识别他们的消费习惯、接受品牌信息的途径方法和使用产品的频率和方式。

同样在线上线下共同进步发展新零售模式的服装品牌ZARA，就精准地定位了其面向的消费者群体。ZARA作为西班牙时尚服装品牌，面对的消费者群体主要是20～30岁之间、追求时尚的年轻人群体，因此，ZARA在步入新零售时代之前就具有服装产品更新换代快，针对当季潮流元素迅速更新的特征。

随着电商以及新零售的发展，ZARA认识到，目前它的目标消费群体不再适应传统的线下消费模式，于是开放了"只能网上购买"的线下实体店，在线下店中只能试穿但不能线下购买，想要购买只能从线上商城加购，精准迎合了其目标消费者不断变化的需求特质，发展成为新零售服装行业中不得不提到的典型成功案例。

4.1.3 品牌推广是对消费者大脑的投资

消费者的决策在很大程度上是依靠大脑的潜意识做出的。也就是说，品牌的推广归根结底就是对大脑的投资。新零售企业依靠各种手段，对消费者的大脑进行投资，使消费者大脑的潜意识倾向于熟识、记忆并选择品牌，就是最有效的品牌推广方法。

三只松鼠在这方面是行家。刚开始，三只松鼠的主要销售渠道是线上销售，于是，三只松鼠就在产品的包装和线上店铺的服务上下了大功夫。三只松鼠天猫旗舰店的客服名称都是"××鼠"，强化三只松鼠在消费者心中的松鼠形象；客服和消费者对话时使用的称呼是"主人"，表达其对消费者诚恳的重视。

除此之外，三只松鼠的零食包裹上会注明包裹来自"松鼠星球"，包装上将松鼠图标放置在鲜明位置，让消费者印象深刻，使三只松鼠形象在不知不觉中"入侵"消费者的大脑。

除线上店铺和产品包装上的"小心机"以外，三只松鼠的新零售拓展的线下实体店铺也是对消费者大脑投资的重要手段。三只松鼠的线下店铺开设的主要目标并不是扩大销售，而是将三只松鼠的品牌形象通过实体店铺传达给消费者，让消费者在潜意识上对三只松鼠的产品和服务形成信赖，并形成在潜意识上选择的倾向。

此外，三只松鼠还有其品牌形象的专属动画片，"三只松鼠"有三个具体鲜活的形象，分别是"鼠小美""鼠小酷""鼠小贱"，三个形象有各自的性格特点，在动画宣传片中能够表现得更加立体，这使消费者在面对三只松鼠的产品时心中会有亲切的感受。

4.1.4 不要让我思考

新零售时代的一个重要趋势就是减少消费者的思考份额，借助大数据分析技术得出消费者需求，然后新零售企业根据消费者群体特征提供个性化的产品和服务，为消费者减少"选择困难"。

网易严选在这方面做得很好。网易严选的产品就是其为消费者精心挑选出的品质优良的产品，是经过网易严选认证挑选的价低质优产品。网易严选利用其供应链上的优势，直接接触链接国际一线大牌的工厂，要求工厂为消费者生产出品质出色、质量有保证的产品，并根据不同的功能、种类档次为这些产品进行严格划分归类，为消费者提供优质选择的同时减少消费者的选择成本，让消费者能够轻松购物。

另外，由于网易严选的品牌理念是"以严谨的态度，为中国消费者甄选天下优品"，消费者对号称从产地、原材料、工艺都严格把控的网易严选充满信赖，并且可以通过网易严选的推荐较容易地选择适合自己的产品。可见，网易严选向消费者展现"好的生活，没那么贵"的消费理念。

这也就表明了，为消费者减轻选择负担，是新零售未来必须具备的特质，也是不可忽视的发展方向。除了企业方面做出的努力之外，消费者也更喜爱那些能够为他们缩小选择范围、并且让消费者们能够放心选择的新零售品牌。在某种程度上来讲，为消费者们降低选择成本，就能在很大程度上赢得消费者的心。

4.1.5 怎样搞定二八定律中的不同消费者

二八定律又叫帕累托定律，这个定律应用在经济学中，指的是百分之二十的消费者比剩余百分之八十的消费者更加重要，占少数的百分之二十的消费者占据大部分的销售份额，因此，企业需要更加注重更重要的那百分之二十的少数消费者，针对他们做出产品和服务的优化，就可以获得更大的回报。

目前，大型商场的产品售价越来越高了，这也意味着新零售的发展趋势就是高毛利化，新零售所面对的目标消费者群体就是百分之二十的高收入群体，新零售企业为争夺这百分之二十的消费者使出浑身解数，归根结底就是为消费者提供高品质的服务和优质的产品。

因此，各大新零售企业明确二八定律这个事实体现在新零售上，就是只有百分之二十的高收入消费者群体会选择线下实体店铺，而更多的百分之八十消费者群体会使用线上渠道购物。企业所要做的是重点关注更重要的百分之二十消费者，让剩余百分之八十消费者为这百分之二十消费者做"观众"，当然，这百分之八十消费者的基本需求也应当兼顾。

全聚德对新零售的探索也证实了这一点。全聚德的实体店铺以高价、高品质商品和服务为标志，不仅提供烤鸭的售卖，更多的是为消费者提供一种"全聚德式"的文化氛围和宫廷秘制的体验。而全聚德的外卖店铺则是中等定价，面向的是普通收入的消费者群体，售卖盒饭式烤鸭，扩大销售市场份额，从而获取更大影响力。

4.1.6 挖掘企业的超级消费者的关键点

超级消费者指的是那些既具有重度购买热情又能为企业带来高收益的消费者。超级消费者与传统的消费者的不同之处是超级消费者希望与企业和生产者产生更密切的联系，也更渴望参与到企业的产品设计生产、营销策划等环节中去。

挖掘企业的超级消费者，重点就在于了解超级消费者产生的成因和特质。超级消费者是随着国民收入的普遍提高产生的，消费者的消费结构也在不断升级，由传统的"企业生产什么就购买什么"转变成了更加个性小众的"我只购买我想要的"。也就是说，新零售企业在挖掘超级消费者时，应注意的第一个关键点就是关注超级消费者对产品个性化的需求。

江小白很注重这一点，在推出产品时打出"文艺白酒"的称号。江小白抓住了部分超级消费者群体的特征，了解了他们对于"文艺"类个性化消费产品的需求和市场上的空白和缺失，成功符合了这部分消费者的心理需求，从而获得了营销上的成功。

挖掘企业超级消费者的另一个关键点就是需要关注超级消费者们对健康的需求。随着经济水平的提升和收入的提高，超级消费者们更加关注自身的健康状况，也更加关注入口食材的绿色天然和新鲜，这也就是为什么各大互联网巨头和零售业巨头都热衷于开办新零售生鲜超市，比如超级物种、盒马鲜生等。

超级消费者是企业需要重点关注的目标客户群体，因此重点挖掘超级消费者需求个性化、更注重健康的特质关键，以此为发展的宗旨和目标，是新零售的一个发展方向和趋势。

4.2 品牌广告策略的制定

品牌广告不仅是对品牌的宣传和推广，也是企业对消费者传递信息和经营理念的最佳途径，因此，明确广告的制定策略对消费者来说至关重要。对于更需要和消费者加强联系沟通的新零售企业来说更是这样。本小节将具体讲述品牌应如何制定广告策略。

4.2.1 品牌广告策略的基本框架

品牌广告的基本框架主要包括广告目标、投放广告渠道、广告主张和广告的表现手法。新零售品牌更加重视广告的策略，因为广告是对消费者进行理念输出的一条重要途径，具体的广告策略的框架中大致需要关注品牌广告的推广渠道、广告成本的计算规划、对广告试点投放和数据分析挖掘。

目前，新零售品牌结合了高新技术的、以大数据为依托的智能零售模式，与传统零售行业相比具有天然的优势，其自带的大数据系统能够为新零售品牌广告前期的数据发掘提供可靠的数据及科学的分析，后期人工智能和供应链的优化能够通过科学的计算将广告的成本降到最低。

除此之外，大数据的分析能力能够为新零售企业提供其所面对的消费者的具体特征，并能分析出这部分消费者主要接收信息的来源，通过这些渠道精准投放广告，从某种程度上来说，新零售时代科技使广告投放的各种成本成功降到最低。

4.2.2 线上推广渠道的选择

线上推广渠道对于当今互联网时代的各大新零售企业来说至关重要，

在某种程度上可以说是新零售企业品牌推广和广告传播的一个最主要的途径。现代新媒体的发展也使得线上推广的渠道更加多元。

线上推广渠道主要可以分为三大阵营：第一阵营包括微信微博、问答及百科平台；第二阵营包括直播平台、音频视频等娱乐多媒体化平台；第三阵营包括自媒体平台和论坛平台。三大线上推广渠道阵营都各有特点，新零售企业一般是结合自身产品特性，针对其所面对的目标消费者精准投放广告，选择线上媒体重点做广告推广的。

目前，比较知名的新零售企业有很大一部分本身就是具有高知名度的互联网电商巨头，这些已经打出了名声的企业在某种程度上本身就是带动其新零售企业流量的推广渠道，比如阿里巴巴的天猫无人超市，京东的7Fresh超市等。

除此之外，其他品牌在线上投放广告占比更大的方式是与互联网巨头进行合作，借互联网巨头宣传电商平台的东风，在店商品台商对自己的产品和品牌进行广告推广。例如，每年十一月十一号的天猫狂欢购物节，就是电商巨头天猫和众多线下实体品牌进行合作，为他们线上广告投放带来新的平台。也有很多的传统零售业借此与天猫合作走上新零售道路，比如女装品牌太平鸟、电器品牌飞利浦以及化妆品零售品牌屈臣氏等。

4.2.3　线下、电视广告依然重要

线下电视广告依然是主流的媒体，新零售企业虽然在线上传播广告方面有着传统企业不能比拟的优势，但是依然不能离开线下广告投放的支持。以目前的经济形势来看，在线上投放广告更多的是对准热衷于在网络上获取信息、在线上购物的那一类更加年轻有活力的消费者集体。然而习惯于从线下获取广告信息的消费者则大多数是较为成熟、有稳定经济基础、购买力相对也更高的消费者。

因此，新零售线上、线下相结合的形式就是针对这两种具体情况有差异的消费者产生的，在广告的投放上，企业也绝不能放过线下这块巨大的蛋糕。近年来虽然网络媒体的发展大大冲击了传统的电视广告行业，但是

电视广告行业依然具有相当大的竞争优势。

在电视上投放广告，可以将广告做得更有深度，更加复杂、具有故事性，比如苹果公司传达苹果公司的品牌理念、运动服饰品牌阿迪达斯传递品牌的运动精神理念，都可以通过在电视上投放有情节、有情怀的较长广告向消费者传递信息。在线下其他渠道比如商场外墙大屏幕上播放广告也具备这个优势特点。

而互联网上的信息更加驳杂繁多，线上用户更乐于接受短效即时、表意明确的信息，如果这种复杂的广告视频投放到互联网上，很难立刻引起消费者的注意，也就无从向消费者有效输出品牌理念信息。

除此之外，线下投放广告还有一种方式就是利用人流较大的场所张贴海报进行广告宣传，比较具有代表性的场所就是地铁站。每日优鲜曾经在地铁大规模投放广告，在大幅的海报上展现新鲜的食材，并将新鲜的食材和美好的生活结合在一起，向上班族——这个品牌的主要目标消费群体输出企业的广告信息和品牌理念，结果也确实取得了良好的反响。

因此，对新零售品牌来说，线上的广告投放和线下的广告传播两者都是十分重要的，企业应当结合企业的实际情况对此进行有创造性的广告传播，从而走进消费者的视野，占据消费者的心灵。

4.2.4 怎样降低广告费成本

在制定广告策略时，新零售企业也不得不考虑投放广告的成本，制定科学的成本预算，以获取更大的净利润。那么在保证广告成本质量和投放效果的同时，怎样合理地降低广告费成本呢？这就需要营销人对此进行仔细的操作。合理降低广告成本主要有以下几个关键点。

① 精准分析市场，了解目标消费者。例如，新零售零食品牌百草味，就将目标定为有一定消费能力的年轻消费者群体，百草味通过分析消费者群体的特征，可以找出他们更容易接收信息的媒介，从而投放广告。

② 详细评估媒体。目前主流媒体可以分为两大类，即线上和线下，不同的媒体对应着不同的受众，因此在不同媒介上投放广告会产生有差别的

广告效果，因此精准分析市场之后也要明确了解各个媒体的特征，从而选择适当、可对应的广告投放方式，节约不必要的广告投入成本。比如百草味曾经在电视剧《择天记》中投放植入广告，正是针对年轻时尚、喜爱观看电视剧的目标消费者。

③ 了解竞争对手，分析市场上与自己具有相近或相同目标消费者的企业，分析他们的广告策略以及营销策略等。明确自己的竞争对手是如何操作的，不仅能够给予自己经营上的启发，也能更好地明确自己的定位，从竞争对手身上发现他们的失误，从而规避错误，节约不必要的成本浪费，获得更好的发展。

④ 选择合适的媒体。做好前期调查分析工作之后，企业就可以分析比较各个媒介，从中选择最恰当、高效的媒介，获得"最小成本投入、最大利益获得"的理想效果。

⑤ 在不同的产品周期使用不同的广告媒介，适时转化。每个产品都有着生命周期，在不同的生命周期就要采取不同的经营方式才能获得最大的效果。比如发展初期的百草味，就在电视剧中植入广告，达到了使消费者提高熟悉感、提高认知度的目的。后期，百草味在认知度提升之后就采取了网络投放广告的方式，不断转换广告投放媒介，在各个阶段采取成本最低最有效的广告投放方式。

4.2.5 广告广泛投放前要做试点检验

任何企业出于节约成本的目的，在大规模进行广告投入之前，都应该进行小规模的试点投放，测试广告的内容是否足够吸引消费者、投放的媒介是否能够带来更多的流量，以此来最终决定广告的投放形式。

一方面，广告内容对广告效果的影响是巨大的，品牌人应当重点关注广告的内容是否明确传达了品牌的核心价值观，是否同样符合消费者的价值观和消费观。广告传达的内容绝不应该是模糊不清，令消费者感到困惑的，也绝不能是与消费者的价值观相违背甚至引起消费者反感的，如果广告没有向消费者传递足够多的有效信息，就开始在小范围试点，并推广出去的话，将会徒耗成本，内容不恰当的话甚至可能引起消费者的反感与抵制。

另一方面，如果广告的投放途径并没有精确对准目标消费者，那么投放渠道的不妥当也会使得广告效果微弱而成本投入巨大。

举个例子，如果一家新零售家具企业将广告大规模投放在微博，那么效果可能是微弱的，因为微博的用户大多数使用碎片化的时间获取热度较高、吸引眼球的信息，而家具企业的信息一方面对大多数微博年轻化用户来说没有足够的吸引力，另一方面这些信息投放群体也不是家具产品的主要消费者，因此投放可能是无效的。

然而，如果家具企业将广告投放在新楼盘的附近，就会取得更好的效果，因为这样投放广告精准对应了有效的消费群体，也能够较低成本地获取更高的广告投放效果。因此，在大规模投放广告之前应当进行小规模试点，新零售企业更应该注意这一点以避免不必要的成本浪费。

4.2.6 明星效应到底有多大？

新零售时代在某种程度上也是粉丝经济的时代，明星是一个巨大的流量输出途径。2017年新年微博话题"董卿口红色号"刷上了热门头条，这也证实了这一点。明星带来的效应是巨大的，这就是我们品牌人需要关注并加以利用的一点。

百草味在《择天记》中植入的广告在某种程度上就是依托明星的流量获取更大的广告受众，从而获取更好的广告传播效果的。年轻的"粉丝"在某种程度上对于明星普遍抱有一种亲近仰慕、跟随效仿的心态，这也是明星光环效应的具体表现，而且明星的一举一动都可能带来广告效应。明星的个人品牌能够将流量带到与他们与管的产品品牌上，拉动品牌的发展。

另一方面，明星的形象是具体清晰的，能够使无形的产品性质变得更加可视化，让消费者能够对产品以及品牌产生亲切感和熟悉感，百草味的广告聘请了杨洋作为广告拍摄演员，拍摄旗下"抱抱果"产品的广告，能够使消费者在观看广告后对产品有一种熟悉感和亲切感，从而促使消费者产生购买的倾向和欲望。

除此之外，明星的代言或表演也能够为消费者带来一种使用产品的氛围感和仪式感，让消费者能够通过观看明星使用产品的场景对产品和品牌进行一种美化的想象，明星使产品不再是单纯具有物理属性和使用意义的产品，而是一种更丰富的，在使用时会带来一种文化心理感受的产品，更加有利于产品的销售和品牌的推广。

新零售品牌结合明星效应进行广告宣传，在某种层次上可以说是效果巨大的，合理利用明星效应，有利于品牌扩大影响力。事实上，大多数由传统零售企业转化来的新零售品牌早就谙熟这一法则的应用，每年十一月十一日的天猫购物街晚会请了众多大牌明星进行表演也正是对明星效应的践行。

4.2.7　线上数据和线下数据挖掘的数据分析法则

在新零售时代，线上数据和线下数据对企业来说都是至关重要的，同时对线上线下的数据进行分析，以及对大数据的合理分析，进行合理的营销策略制定是每个新零售企业应该做到的事情。本小节我们将展开讲述四大数据分析法则，这也是企业进行数据分析从而做出决策的保证。

1. 简约原则

由于大数据时代的众多数据泛滥，在分析数据是应该遵循简约原则，也就是说，识别数据中最有效的、最本质的法则，剔除数据中那些细枝末节、杂乱无用的数据，获取最大的数据分析利用效率，尽快得出有效的数据分析结论。

2. 宏观原则

对大数据下的各种数据进行概念化、模型化，从整体考虑数据，着眼宏观，看数据的趋势，而不是和微观的、细枝末节的数据较真。高效率地分析数据，用数据作为依据作为行动的指导方针。

3. 解释原则

数据在其本身来源上追究的虽然是数字，但是具体的数字并不能为企业的经营发展带来非常具体的注意，因此大数据时代下的新零售企业应当注意对数据进行解释和分析，解释其所代表的有经营意义的含义，从而推动企业的发展。

4. 智慧原则

数据虽然为企业的决策提供了很大的帮助，但是如果没有管理经营者对数据的智慧性分析解读，数据就只是数据，因此，在分析数据的时候应该遵循智慧原则，对数据进行智慧性加工，从而使广告的投放更加有效。

4.2.8　DSP购买是企业策略制定的关键点吗？

DPS软件是一种数据统计分析软件，事实上，有4.2.7节中我们已经提到过，在进行数据分析时，应该遵循简约原则、宏观原则、解释原则、智慧原则四大原则，因此即使购买了DPS软件，也需要对数据进行处理和分析，从而使DPS软件分析出来的数据能够对企业策略的制定提供助益。

在某种程度上来说，DPS购买对企业策略的制定是很关键的。根据有关资料显示，随着新零售的发展，大家对数据剖析的需求大大提升，目前已经从32%上升到67%，数据虽然需要进一步的分析处理，但是重要性绝对不可忽视。

数据的重要性主要体现在以下三点。

1. 反映客观的经营状况

企业的经营状况到底如何，归根结底是需要真实的数据进行反映的，虽然数据不能代表一切，但是数据横纵比较产生的趋势能够非常明确直观地反映出企业在一年内经营状况，以及与市场竞争同行相比较而言的经营水平的进步和退步，DPS分析能够非常明确地指明这一点，这样对企业反思经营状况是十分有利的。

2. 对企业的生产、经营管理产生有效的监督

企业的经营管理和生产状况也可以通过DPS软件进行数据分析，并根据分析结果较明确地表现出来，通过对企业内部的生产经营数据分析，对比企业的成本利润，能够有效地得出企业决策是否有利于企业经营的结论，也是一种对生产经营的有效监督。

3. 辅助企业做出最终决策

归根结底，数据是企业做出经营决策的最终依据，企业不可能脱离数据的支持，不计成本、不做预算地进行任何决策，因为那样的决策将会面临巨大的风险，企业很有可能无法承担失败的后果。因此，DPS数据分析软件在某种程度上来说是有利于企业制定经营发展战略的，毕竟数据是企业发展状况的晴雨表，也是企业选择决策方向的关键。

4.3 不可忽视的品牌调研

品牌调研对新零售企业来说是至关重要的，新零售企业与传统零售业相比，和消费者之间的关系更加紧密，新零售企业非常重视消费者的个性化需求和体验，没有做好足够的品牌调研，新零售企业将举步维艰。

4.3.1 品牌调研要线上线下兼顾

品牌调研是新零售品牌在进行产品的设计开发生产前要做好的，同时，由于新零售企业的线下线上结合的特殊性与现代线上媒体的蓬勃发展，品牌调研的方式要兼顾线上线下，面对尽可能多的消费群体。

在进行线上调研时，要重点关注目标消费者使用频度较高的几种线上媒介，利用这些媒介进行调研，才能获得有效的调研结果。线上消费者较常使用的媒体中，较容易进行消费者调研的有微博、微信、公众号、论坛等。而直播平台、视频网站等节奏更快的媒介在调研时就不太容易发挥良好的效果，因为快节奏使消费者无法对品牌进行有效的思考，得出的调研数据将不会有太大深度。

在进行线下调研时，由于新零售行业线下为消费者提供品牌化服务的特质，更需要新零售企业为消费者提供新零售的特色化理念化服务，可以让消费者在进行品牌理念体验的前提下进行进一步的建议调研，这样不仅能够起到调研的作用，还能吸引一部分潜在的消费者，使调研成为另一种形式的广告宣传。

4.3.2 品牌调研要重点关注的7点内容

品牌调研是有一定的技巧存在的，新零售品牌需要关注以下七点内容，从而更有效、更快速地获取更好的品牌调研效果，这七点内容也是品牌调研的七个层次。

1. 品牌回忆

新零售品牌需要关注消费者是否对品牌有记忆，并且了解消费者对本品牌的记忆与其对竞争对手的记忆相比较的深刻程度。如果消费者对竞争对手的品牌印象更深，那么企业就需要加大品牌宣传力度了。

2. 品牌识别

新零售企业应当了解消费者是否能够正确识别企业品牌。如果不能，说明品牌的知名度并不高，需要加强形象树立工作。

3. 品牌认同

新零售企业应当分辨消费者是否对品牌有认同感，品牌的理念有没有正确传达并被消费者理解。这是品牌宣传是否精准有力的范畴。

4. 品牌形象

新零售企业应当明确消费者是否能够明确辨认品牌的形象，是否认为品牌的形象足够丰满，能够形成吸引力。

5. 品牌信任

新零售企业需要调查消费者是否信任品牌的产品、服务，以及整个品牌和企业。

6. 品牌忠诚

新零售企业需要调研消费者对品牌是否忠诚，为了维持消费者对品牌的忠诚，新零售企业应当不断跟进消费者的需求，以维持其忠诚度不下降。

7. 客户简介

新零售品牌应当建立客户档案，研究核心客户群的特质，并持续跟踪核心客户群的需求变化，以此调整企业的经营方向。

4.3.3 调研一定要避免的四大陷阱

除了4.3.2中提到的七大关注点，品牌调研中还存在四大陷阱，这四大陷阱可能使调研进入误区，得不出结果或者得出错误结果，这对于新零售企业来说是一定要尽力避免的。接下来我们就详细讲述调研应避免的四大陷阱。

第一大陷阱是"空调研"，也就是说只是空喊调研口号，根本没有将具体的工作落实到实处。在没有接触实际的消费者群体，而是仅凭着臆想和猜测凭空捏造消费者的需求，这不仅是毫无益处的，甚至还有可能为企业的决策带来有害的后果。

第二大陷阱是"浅调研"，指的是没有深入调研分析，只对消费者进行浅显的调研，流于表面，走马观花，不看重本质，只关注表面现象，没有深入地挖掘思考，不能够深入明确消费者内心深处的观点和需求。

第三大陷阱是"被调研"，也就是说不积极主动、不自行研究发掘应该以何种渠道、何种方式对消费者进行调研，被动地随波逐流进行调研，这种调研方式是低效率高成本的，在新零售企业中属于非常落后的、执行力低下的调研方式。

第四大陷阱是"伪调研"，也就是说调研者在心中预先设想了调研结果，因此在调研过程中将调研出的结果向预先设想的结论靠拢，不去调研超出预期的消费者群体，这样的调研并不是真正的调研，只是一种虚假的成本浪费。

因此，在进行数据调研时应当谨慎避免这四大陷阱，调研要实事求是，深度挖掘，才能明确消费者的实际心声，对企业的经营决策才是有助益的。

4.3.4　数据背后的消费者深度沟通

品牌调研得出的数据并不是调研的最终目的，在数据背后，新零售企业的最终目的就是实现与消费者的深度沟通。消费者不仅仅是产品的购买者，还是品牌核心理念的同道者和新零售企业经营决策的参与者，我们要把握住这个核心理念，努力寻求和消费者的有效深度沟通。

要实现品牌与消费者的有效深度沟通，主要有以下四个途径。

1.通过产品和服务与消费者深度沟通

品牌最好的传达理念的媒介就是其生产的产品和提供的服务。消费者通过使用产品、享受服务，能够从中体会到产品品牌的核心理念和价值观。如果品牌能够将产品设置得更加人性化、更能体现出对消费者的关怀，就能赢得消费者的好感，从而加强品牌在消费者心中的印象。

2.打造能够与消费者高度互动的活动

通过产品和服务与消费者交流虽然是主要的途径，但是毕竟不够直接。新零售企业如果想要和消费者实现更有效、更快速直观的深度沟通，不如开展一些能够直接和消费者进行接触的活动，和消费者面对面，进行理念上的沟通，实现消费者对品牌的认同。

3.进行品牌价值观主题的促销活动

除举办和消费者直接接触的活动外，品牌还可以举办一些能够体现品牌核心价值观的促销活动，比如说天猫网上店铺就经常进行为农民处理滞销农产品的公益性促销活动，从而对消费者进行价值观的传递，赢得消费者的好感。

4.提供超出产品和服务之外的增值服务

如果新零售企业能够为消费者提供超出其提供的产品和服务之外的增

值服务，消费者对品牌的好感将会大大提升，比如阿里巴巴旗下的飞猪旅行会在消费者网上订票后，为消费者提供超出所预订车票之外的发车提醒服务，以及到达目的地后的行程规划、特色景点、酒店推荐等服务，能够为消费者减轻选择成本，体现品牌为消费者服务的核心理念。

4.3.5 企业高层参与消费者调研的影响力

企业高层直接参与消费者调研也能够为企业品牌带来正向效应。消费者通过与企业高层的沟通，能够感受到企业领导者对消费者的重视和关怀，明确企业能够并且愿意为消费者提供优质产品和服务，从而对品牌的核心理念产生认同。

一方面，企业高层由于本身具有丰厚的资本、信息获取量也更大，在消费者眼中具有"权威光环"。高层对消费者做出的承诺，能够使消费者更容易相信，企业高层做出的决策也更能够被消费者认可，因此高层本身参与消费者的调研就能够使消费者对企业的好感增加。

另一方面，企业高层也具有一般调研人员不具备的眼界和管理素养，通过调研，企业高层和消费者进行深度沟通，能透过表面现象看到一般调研者无法辨认挖掘的消费者的深层需求，也就有利于企业的管理者做出更加符合消费者需求的策略调整，这是有利于企业的长足发展的。

因此，企业高层参与消费者调研带来的益处是很大的。但是由于企业高层的时间成本高昂，调研组需要在调研前期做好充足的调研准备，并且精准选择消费渠道和被调研消费者群体，从而为高层管理者节省时间成本，使调研能够快速高效地进行。

第5章
如何让产品自带品牌传播属性

品牌营销：新零售时代品牌运营

BRAND

在新零售时代，各具特色的产品层出不穷，竞争十分激烈，想要让品牌从众多竞争对手中脱颖而出，就需要让产品本身就自带传播属性，能够为消费者解决切实存在的需求，也能够为品牌的传播提供价值。

5.1 产品是免费的传播渠道

品牌需要向消费者进行推广，这个过程中企业可以选择多种传播方式，但是各种传播方式之中，大部分途径都是需要资金和成本投入的。由于产品本身是企业自身生产的产品，只有利用产品自身对品牌进行宣传推广这种途径，是一种免费的宣传渠道。

5.1.1 产品自传播省下百万营销预算

对没有自传播能力的产品不断进行高额的营销投入，在很大程度上可以说是吃力不讨好、得不偿失的。然而，大部分人在进行营销时都忽视了产品本身具有的自传播能力，只将目光停留在线上线下的广告、营销活动上。

而在当今互联网蓬勃发展、新零售企业不断发展的时代，流量越来越珍贵，产品如果能够形成自传播，就能够省下百万营销预算，为企业和品牌带来源源不断的流量，形成低成本高收益的营销新模式。

加多宝占据《中国好声音》节目，投入巨资投放广告，用近乎狂轰滥炸的方式向消费者不断输出品牌的营销方式是有一定成效的，但是和营销的成本投入比起来，这些收获显得并不足以令人满意。高昂的成本支出使得这种昂贵的引流模式难以为实力低微的企业所学习借鉴。

而产品形成自传播能够为更多的企业提供营销新思路中另一条更优路径。如果我们仔细回忆，就能发现2017年以来逐步登场的众多新兴新零售企业都已经不再沿用传统的大手笔投入广告进行营销的模式，比如无人货架猩便利、便利蜂等，这些新零售企业都没有大量投入广告营销。取而代之的是他们利用了产品自传播属性。

由于新零售模式下产品具有和从前的传统零售业不同的特质，使得产品本身就具有自传播能力。这种低成本高收益的产品自传播营销模式，为新零售企业打开了新的营销思路，也为企业省下了百万营销预算。

5.1.2 糕先生：自传播成就的糕点品牌

糕先生是福州网络健康蛋糕品牌，品牌理念是以极致的食材承载对爱的承诺，它主营网络蛋糕，没有线下实体店，通过网络下单后，当天制作并配送。作为一个成功的互联网蛋糕品牌，在行业内名列前茅，是新零售行业一个典型的低成本营销案例。糕先生以低廉的成本做到了成功的营销，归根结底就是因为利用了低成本的产品的自传播，利用自身的产品成就品牌。

糕先生是如何使产品实现自传播，获得营销成功的呢？接下来让我们逐步进行分析和学习。

1. 糕先生将品牌和产品人格化

在糕先生诞生在福州之前，福州市面上大多数的糕点品牌名称一般趋于两个极端，不是太过中式复古，就是太过西式。而糕先生的命名则没有与市面上的其他品牌雷同，而是将品牌拟人化，将糕点品牌做成了"糕先生"这种拟人化的形象，使品牌更加亲切，使消费者能够与品牌之间拉近距离。

也由于糕先生拟人化的名称打下了基础，糕先生顺势开通了企业微信号、微信公众号、微博等媒体，以拟人化的形象和消费者进行互动，调查了解消费者的需求，并且提高消费者的参与程度，拉近与消费者之间的距离。

除此之外，糕先生也十分重视品牌的形象设计，聘请了漫画家为糕先生品牌定制了拟人化的形象，让品牌和产品的形象更加亲切。糕先生的品牌中也具备故事性，创始人希望通过糕先生的故事让品牌更容易被消费者认知并记忆。

2.糕先生重视产品的外观和品质

糕点行业中同质化现象十分严重,为了使糕先生的产品能够在同质化市场上打败竞争对手,在消费者心目中脱颖而出,糕先生舍弃了大部分糕点企业使用的圆形蛋糕外观,转而选择方形蛋糕作为糕点产品的外观模式,提高了产品的辨识度。方形蛋糕的造型经过糕先生旗下糕点师的精心设计,显得时尚精美,赢得了消费者的喜爱。

除了重视外观之外,糕先生也十分注重糕点的品质,打出了健康蛋糕的口号,坚持做高品质蛋糕。同时糕先生经常通过微博微信互动,和消费者一起研发新品,让产品能够使消费者感到值得信赖又与众不同。

3.开发能够引发消费者互动的新产品

糕先生十分关注持续利用产品的自传播特性,不断和消费者产生互动和新的联系。糕先生常用的一个秘诀就是抓住热点进行新产品的开发。糕先生在邓紫棋唱过《喜欢你》大火之后迅速推出了"黑凤梨"蛋糕,切入热点又结合消费者表达感情的需求,打造出新的自传播产品。

糕先生也很重视和消费者之间的互动,经常在发布新品之后向消费者征集名称或者发布营销活动,让消费者能够与其进行互动,加深和消费者之间的联系,从而获得消费者的认可。

4.借助明星的流量优势

糕先生把握了当地的影城资源,为明星提供服务,借助明星带来的流量优势,打出明星同款的标语,为自身的产品做出低成本的宣传推广。

糕先生的低成本高收益的营销成功秘诀,归根结底就是因为借助了产品的自传播,做出了正确的营销决策。在新零售行业中企业也可以据此进行学习和借鉴。

5.2 如何实现产品自传播

产品本身就拥有自传播的力量,那么新零售品牌如何做才能发挥出产品中潜在的自传播能力,让产品实现自传播,从而达成扩大品牌的影响力、扩大企业市场占有份额的目的呢?我们将从产品自传播的前提和策略具体分析,并结合实战案例分析如何实现产品的自传播。

5.2.1 自传播需满足的4个前提

产品想要形成自传播的优势,首先需要满足4个前提,4个前提分别是真实的需求、顺畅的体验、好记的名字和强大的组织,如图5-1所示。

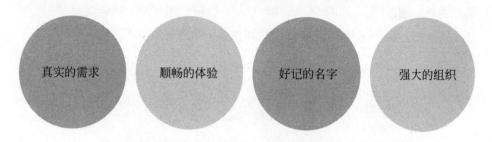

图5-1 自传播需满足的4个前提

第一个前提是真实的需求。也就是指产品想要形成自传播,必须符合消费者真实的需求。这就要求我们新零售企业将目标专注于挖掘消费者的真实需求,不能用产品迎合消费者的伪需求或者生产消费者根本不需求的产品,否则无从谈起其他一切企业决策的施行,如果走上错误的道路,企业将会蒙受巨大的损失。

第二个前提是顺畅的体验。在准确地把握了消费者的真实需求之后,企业就需要集中精力将产品做好,让消费者在使用产品时能够有流畅的体验。事实上,无论是什么产品,对消费者来说,有顺畅的体验都是至关重要的,体验是否流畅甚至能够直接影响到消费者是否回购以及消费者对品牌的印象。没有流畅的体验,消费者就不会愿意为产品买单,那么产品的自传播也就无从谈起。

第三个前提是好记的名字。如果产品能够有一个易于记忆的名字,那么对消费者是否能记忆产品就能直接起到积极影响。好的名字如果朗朗上口易于传播,那么在产品的自传播中也会起到积极作用。

第四个前提是强大的组织。产品再好也需要企业作为后盾，是否有强大的组织作为依靠，直接决定了产品的自传播是否能够对企业的整体运营发展以及营销产生影响。营销也需要其他部门的支持和配合，因此，一个强有力的组织也是产品能够形成自传播的重要前提。

5.2.2 形成产品自传播的8种策略

已经有营销人总结出了产品自传播的八大策略，如图5-2所示，分别是贴主线、加文案、可视化、定制化、植彩蛋、超预期、参与感和抓热点这8种策略。接下来我们结合新零售对这8种策略进行详细描述。

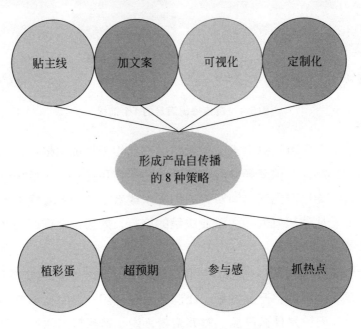

图5-2　形成产品自传播的8种策略

第一种，贴主线。贴主线的意思就是产品在设计和生产时就要在核心功能上添加一些能够实现自传播的特质，让产品在一开始就具备自传播的属性。例如，拼多多在产品的核心设计上就设定为通过拼单获取优惠和折扣的购物软件，消费者想要获得折扣和优惠就会自发地为拼多多这个软件进行传播和推广。

第二种，加文案。加文案的意思就是说产品能够通过文案增添能够自传播的属性。在新零售时代消费者更加关注产品传递的核心理念和思想价值，在产品中增加文案能够增加产品的自传播能力。例如，江小白的文案"我是江小白，生活很简单"，就是用文案为产品增加自传播能力的案例。

第三种，可视化。可视化指的是品牌的产品能够被消费者关注到、发现到，从而增大产品被消费者自发传播的可能性。产品要实现可视化，具体可以从产品的外观、声音以及气味等方面入手。例如，美团外卖就通过黄色袋鼠的标志让产品被消费者注意到并且达成了产品的自传播。

第四种，定制化。定制化是新零售时代下消费者更迫切的一种需求，也就是说产品需要更贴近每个消费者的个人需求从而凸显品牌的个性。例如，外卖软件能够通过大数据的分析了解到消费者的口味、饮食习惯，从而为消费者定制化推荐外卖产品和服务。

第五种，植彩蛋。植彩蛋的意思是在产品中植入特定条件下能够触发的意外惊喜。大多的产品都是直白的、无聊的，如果在产品中加入一个彩蛋，就能使产品变得更加有趣味性，使消费者对产品的兴趣提升。

第六种，超预期。超预期的意思就是精心打造产品，使产品能够为消费者提供预期之外的体验。如果产品带来的体验超出了消费者的预期，就能够使消费者对产品和品牌的好感度提升，消费者也就更乐于自发传播产品和品牌，也就能发挥产品的自传播能力。

第七种，参与感。参与感的意思是让消费者参与到产品中去，为消费者提供一些有互动体验的参与性活动，提升消费者对产品的趣味和参与度。消费者也更乐于传播那些他们能够参与其中的事情。也就是说，在产品中加入参与感有利于产品的自传播。最近在网络上大火的西安摔碗酒就是这样一个案例，通过让消费者参与其中、体验摔碗的动作，提升消费者的体验感，从而增加产品的自传播能力。

第八种，抓热点。紧密结合社会热点增加产品的自传播能力。例如，每日优鲜结合农民扶贫的社会热点，为农民解决农产品的销售运输问题，向消费者展示了企业的理念和产品来源的优质可靠，依靠社会热点带来的流量使产品达成自传播的目的。

在这8种策略中，有5种方法是最常用的，分别是贴主线、加文案、可视化、植彩蛋和参与感，灵活运用这些策略增加产品的自传播能力，是当代新零售企业需要学习和借鉴的、增强产品自传播能力的营销方法。

5.2.3 APP自传播的4种实战方法

上海一家品牌公司做了一款APP，但是用户下载量不理想。我在为其提供咨询服务的时候发现，产品整体质量很不错，但是推广人员的推广方法比较传统，没有掌握当下最实用、最流行的推广方法。

我经常关注APP排行榜，发现每个月都会有利用社交网络链式反应打造出的爆款诞生，如此高的频率也给了我们营销人员想象空间，那又该如何利用我们之前所说的这些理论来让一款APP在网络上形成自传播效应呢？

1. 思考用户为什么要分享你的APP

所有营销人员都希望消费者看到自己的产品之后能转发、分享，最终令产品一炮而红，有这种想法当然是非常好的，但想要拥有这种结果，过程是不能过分理想化的，首先你要思考和搞定以下问题：用户为什么会去主动分享一款产品，他又凭什么去分享你的产品而不是其他人的产品？用户在自己朋友圈分享一款产品的时候到底是在分享什么？表达什么？

所以说通过以上两个问题我们便可以知道，想要用户能主动分享你的产品，第一步便是给用户一个能触发他们分享动机的理由，常用手段有以下几点。

（1）直接利益驱动

用户分享之后便可以获得一些物质奖励是多数APP都会使用的手段，差别无非是直接现金还是其他形式奖励之间的区别。

例如，一个游戏类APP邀请好友拿大礼的用户页面，用户分享之后可直接获得游戏道具，所取得的推广效果相当不错。

（2）满足用户某种社交心理需求

营销理论中一直有"社交货币"一说，指的是人们时常会通过向社交网络转发能表现自己志趣和追求的素材来发行社交货币,以满足自己的比较心理(好胜心、自尊心)、展示欲(塑造自己的形象、威信、爱学习)。

回头看看自己的朋友圈就可以知道,这对于现代年轻人来说简直是刚需,一款APP想要获得比较好的传播效果,就必须满足人们的这种需求。

2. 为APP塑造特定标签

塑造标签最大的作用是迎合用户使用场景,所谓产品标签便是用来高度概括产品属性、价值的词汇,而展现的效果便是当用户在某一个具体的使用场景产生特定需求时,用户会马上通过这个标签联想到产品。

我属于早期的网购者,现在已经形成了自己的思维定式。例如一想要网购,一般会马上联想起天猫和京东;想要移动支付,一般会想到支付宝或微信;上班想订外卖,我一般会想起美团和饿了么;产生打车需求,那自然是滴滴打车。我与不少人探讨这个问题时,发现大家的行为基本和我差不多。所以,对于以上这些已经占领了相当一部分用户的APP来说,它们很容易在用户之间形成传播。

3. 找到合适的分享切入点

想让用户分享,不仅要有动力,还要有切入点才可以。

(1)游戏

世界上最让人欲罢不能的应该只有美食和游戏,只是在APP中内置小游戏还不成,一定同时要在这些小游戏上增加积分展示,这样可以增强用户的满足感、成就感,还可以激发用户转发攀比的心理,"炫耀一下""让你的朋友也来试试吧"是这个环节中最常见广告语。

(2)活动

活动+奖励也是非常常见的分享切入点,设置上与分值分享类似,一般情况下都是分享赢好礼,拉来好友还能获得额外奖励。常见的形式有抽奖、送红包、促销、借势节日等。

(3)图片

图片相较于文字,更加直观,视觉冲击力也更强,也更容易让用户接受并将其分享出去，其实大家在现实生活中也一定能感觉到，朋友圈分享图片的人一定是最多的。如果这图片还能加上一些标签和社交属性，效果则会更加明显。

例如，当年非常火爆的柏拉图APP所产生的个性标签图片，一个下午便刷爆了微信，主要便是靠用户与用户之间的自发分享来传播。

4.提供便捷的分享渠道

最后，当一款APP找到合适的切入点，能让用户自愿分享的时候，自然还需要为用户搭建出便捷的分享渠道，不然用户想分享找不到渠道也没有用，主流的社交网络平台一定要覆盖到。

5.3 强化产品体验的3种方法

要想让产品具有自传播属性，还需要强化产品体验，让消费者在体验产品时感受到超出预期的体验，从根本上回归到消费者的需求中去。那么如何强化产品体验，让消费者从产品中感受到满足呢？新零售企业不妨从建立专属的仪式感、触发开箱照和用碎片化知识服务自传播这三个角度来做。

5.3.1 有一套专属的仪式感程序

想要强化产品体验，可以从为产品设置一套专属的仪式感程序入手。仪式感是一种主观的心理感受，企业可以通过在产品上做一些特殊的设计、为产品设置特殊的使用程序等方式来满足消费者的心理需求，使消费者能够通过体验使用产品前的这套有仪式感的程序，感受到心理和情感上的满足。

网易严选的产品设置就具有一种仪式感，网易严选为消费者甄选许多高品质的家居用品，通过为消费者提供高品质的家居用品，满足消费者追求高品质生活的心理需求，使消费者体会到被关怀的情感满足。这也是网易严选的核心理念"好的生活，没那么贵"的体现。

想要设置一套有仪式感的程序，需要我们明确仪式感的由来。根据马斯洛的需求层次理论，新零售行业的产品能够提供的仪式感更多的是满足消费者自我实现的需求。新零售时代消费者对产品的参与度要求更高，能够强化消费者产品体验，使消费者获得仪式感的一个重要途径就是参与到产品的程序中去，让消费者亲自参与并操作，得到更高的体验和满足。

新零售时代的仪式感一般来源于企业设置一些有意义的形式，为消费者营造一些特殊的情感氛围，进一步对消费者的情感和心理产生刺激，促使消费者对产品和品牌产生情感上的信赖，进而刺激消费者，使消费者增加购买产品的行为。

仪式感主要可以分为以下四个种类，分别是期待感、存在感、责任感和荣誉感。分别提升这些细分种类的情感就能够提升产品程序上的仪式感。

① 期待感指的是通过设置有仪式感的程序让消费者对产品充满期待的情感。随着新零售的发展，线上购物已经在消费者的生活中得到了普及，我们可能大部分人都曾经体验过那种在拆开快递时获得的期待感。打开新购买的产品的包装时，消费者同样能够获得期待感。企业通过延长消费者等待的时间，也可以使消费者的期待感提升。除此之外，通过复杂的操作获得产品也能使获得产品时感受到的期待感增加。

② 存在感是新零售时代各企业需要重点关注的一个感觉，消费者需要感受到他们的个体是被重视的，如果消费者能够体会到自身的存在感提升、被企业重视，那么消费者对企业和产品的好感都会大幅度提升，对新零售企业的忠诚度也会增加。

③ 责任感是新零售时代消费者越来越重视的一个感情趋势。随着消费者群体的优化，新的有购买力的消费者需要在购买使用产品时体现自身对社会的责任。消费者认为"你所花的每一笔钱，都是为你期待的世界投票"，这种观点也鲜明地表达了消费者对体现责任感的渴望。因此企业需要在产品上增添一些有责任感的属性或者事件，让消费者能够通过购买产品的行动感受到责任感的需求被满足。

④ 荣誉感指的是企业应当重视并奖励忠实消费者，为消费者的购买和付出表达出肯定和赞扬。提升消费者的荣誉感，能够让消费者有更大的动力对产品进行支持和购买。

5.3.2 开箱照的6种触发策略

让产品具备自传播属性,还需要让消费者乐于分享开箱照,使产品能够像病毒一样传播。决定能否触发开箱照的关键,就在于企业对产品的设计和决策。三只松鼠获得的消费者开箱照反馈比例就非常大,这是因为一开始三只松鼠从包装上就经过了精心的设计,不断用各种品牌的信息元素刺激消费者,让消费者乐于分享开箱。

开箱照的触发是有迹可循的,接下来我们将讲解开箱照的6种触发策略,在重视消费者体验的新零售企业中是更需要进行学习的。

第一,开箱照的分享是为了展示更好的自我。消费者并不只是一个产品的消费者,每个消费者都会使用、购买无数的产品,而想要让产品在各种竞争对手中脱颖而出,获得被"晒"的机会,首先需要产品的属性能够体现出消费者更好的一面,体现出更加积极的价值观念和生活态度。

第二,优越感是触发开箱照的另一个策略。优越感是人类的本性和需求之一,能够为消费者带来优越感的产品更容易使消费者产生一种类似炫耀的情绪,这种情绪会促使消费者拍摄开箱照对产品进行自发传播。最尖端的新品和限量的产品都有可能为消费者带来优越感,从而触发开箱照。

第三,新奇和好玩是触发开箱照的另一个因素。大多数产品是无趣的,只为消费者提供实用价值。而新零售时代的新消费者更加关注的是使用产品时的体验和个人的心理、情感感受,新奇好玩的产品能够使消费者更乐于拍摄传播开箱照。比如网红奶茶喜茶和丧茶,都是利用了消费者乐于使用新奇好玩的产品的心态触发开箱照,从而增加产品自传播能力。

第四,优秀的包装是触发开箱照的有效策略。产品的包装也能够触发消费者发布开箱照的行为,要想做到这一点,就需要把产品的包装做成产品来做,在包装上用心设计研发,创造出一些别出心裁的、能够吸引消费者关注的设计和外观,加入品牌的核心元素和理念,对消费者进行冲击,从而促使消费者乐于传播。

第五,独特的、和用户关联度更高的产品容易触发开箱照。新零售时代消费者对"定制化""个性化"的需求更高,和消费者有关联的产品能够使消费者更有分享的渴望。也因此同道大叔和江小白合作的十二星座定制酒受到了消费者的极大欢迎，也得到了消费者的众多开箱照。

第六，为消费者提供开箱照的素材。在很多时候消费者并不知道如何拍摄开箱照，不明确怎样对开箱照进行分享。这种时候，就需要企业为消费者提供开箱照的"正确姿势"，为消费者提供一个模板和平台，使消费者上传开箱照的成本降低，也就能使产品传播速度增强。

5.4 拥有爆款潜质的"特殊"手段

当然，想要让新零售企业的新产品一炮而红，并成为爆款，还需要其他一些营销手段的辅助，以便给消费者带来心理上的惊奇感受和感官上的刺激，让消费者能够对产品印象深刻，从而扩大产品的市场占领份额。本章将讲述三个方法，并展开讲解一个案例，希望能给大家带来启发。

5.4.1 让高手将产品玩出专业感

如今，想要让消费者对产品印象深刻，普通的广告宣传已经不能做到这一点。我们要想让产品在竞争对手的包围中脱颖而出，就应该使用一些更具有刺激感的点子，触动消费者的神经。比如本小节即将展开的"特殊"手段之一——让高手将产品玩出专业感。

也就是说，让行业内的专家为产品"代言"，让他们用自己的产品玩出新花样，比如让他们在演讲中做出演示，显示出产品的专业性，让消费者认为产品是专业可靠的，从而增强消费者对产品的信赖，使其印象深刻。

例如，迈入了新零售行业的苹果公司为宣传自己手机的摄像头拍照效果拍摄的广告。苹果公司从世界各地挑选了手机拍摄的162张作品，公司取得授权后把这162张照片制成一部宣传短片，以此来宣传苹果手机摄像头的高像素以及高拍摄质量。

又比如新零售乐器行业的雅马哈（电子乐器品牌）公司，他们曾经拍摄过请著名的钢琴家演奏乐器的广告，让钢琴家证明乐器的音色好、品质高，从而使消费者信服。

以此类推，这样通过让高手"玩转"产品，进而体现产品专业的方式能够推广到各个产品上。比如汽车广告可以用专业赛车手操作体现产品性能，运动鞋让著名运动员演示性能，调味品用优秀厨师演示证明味道好等。

5.4.2 设置极端考验，突出产品特性

在推广过程中，将想要推广演示的产品放在极端严酷的考验情境下，体现其性能的出色也是能对消费者产生刺激的好办法。消费者看到这样的宣传，就会产生这样的想法："在这么恶劣的条件下，产品都可以正常使用，那么在日常生活中产品无论怎样使用也不会出问题。"消费者就会因此对产品的质量产生极大的信任感。

比如中国移动，它作为线下服务的传统型通信公司，其业务也逐渐转移到线上，比如开拓了线上办卡、线上缴费等业务，这也是向新零售方向转化。中国移动曾拍摄过一个广告，广告中展示即使在喜马拉雅山，在沙漠，在各种荒无人烟的地方，移动都有信号。也就是告诉消费者，移动的信号已经遍布世界的每一个角落，使用移动电话卡永远也不会遇到没有信号的状况。这条广告让消费者坚信移动的信号质量是出色的。

广汽传祺汽车的测评广告也是一个经典的将产品置于极端考验的案例。这种测评方式又被称为"三高"试验，也就是指高温、高原、高寒。传祺将"三高"扩展为高温、高寒、高湿、冰雪气候以及高原、山地、多尘等地形的测试。传祺的试验车队从广州开始出发，中途经过陕西西安、甘肃兰州、酒泉和敦煌等西北知名城市，最终到达新疆吐鲁番，总行程5100公里。

吐鲁番昼夜温差大、风力强劲、最高温度可达53度，是天然的高温试验场地，传祺采取零部件暴晒、整车暴晒的方式测试汽车的高温可靠性。与之类似的，传祺又分别在黑龙江黑河做了"高寒试验"，在海南做了"高湿试验"，考察汽车在极端环境下的性能、部件、结构强度和耐久等各个方面的标准，向消费者展示在极端环境考验下的产品特性。这种方案新零售企业也可以学习。

另外，美国新秀丽品牌也加快了线上商城的搭建，开始向新零售方向转变。新秀丽十分善于利用这个方法向消费者展示产品，他们在极端的情况下测试产品的性能，以此来表现新秀丽旅行箱的坚固与安全，向消费者展示即使旅行箱和汽车相撞，也不会损坏，反而是汽车会被撞坏，暗示旅行箱比汽车更加坚固，让消费者对质量产生信赖。

5.4.3 运用科技，变抽象为实景

在很多情况下，产品的抽象特性并不能非常具体地展示给消费者看，比如食品的新鲜程度、天然程度等。然而在新零售时代下，这类行业可以结合新的科技成果，让抽象的现象变为实景，这样可以在某种程度上解决以上问题。

7Fresh是新零售生鲜行业的领军企业之一，独特的"黑科技"让7Fresh在一众生鲜类新零售企业中脱颖而出，"智能魔镜"就是为消费者将抽象变为实景的一项"黑科技"。当消费者在挑选水果时产生了疑惑，可以将带有二维码的水果放在魔镜前，魔镜就会识别二维码，将水果的产地、种植周期、甜度等信息显示在镜面上，让消费者能够放心地挑选符合自己需求的水果。

百安居（欧洲家装建材品牌）也是融合线上线下的家居新零售企业，百安居为消费者提供让虚拟景象变为实景的服务，在上海开启了智慧门店，门店中应用了人脸识别、360°全景复刻以及VR（虚拟现实）、AR（增强现实）技术，在店面内还原真实的生活场景，让消费者能够更直观地体验到产品。

在智慧门店中，消费者输入小区信息（百安居数据库中包含2000年以后的房屋信息），就能找到符合小区建筑结构的装修方案。消费者选择方案后，就可以带上VR眼镜，体验一下装修完成后的实景。

2018年3月30日，优衣库打通线上线下，开启了将实体和虚拟结合起来的"数字体验馆"，并向消费者开放。数字体验馆结合了AR虚拟数字体验，能够为消费者提供试衣、4D、支付等功能。具体来说，优衣库数字体验馆内张贴的海报都可以让消费者通过手机AR扫描，看到商品的具体详情、搭配推荐和优惠等信息。数字体验馆将产品的实体和增强现实相结合，不仅让消费者可以看到、触摸到产品，还可以体验到穿着衣物的场景。

除此之外，优衣库还推出了"智能小U"电子智能屏幕。智能小U主要担当两个角色，第一个角色是数字搭配师，就是将衣物以4D穿着搭配的形式显示在屏幕上，第二个角色是智能导购员，不仅能让消费者在店内购买，还可以直接扫码连通线上，在优衣库的官网和天猫商城购买，节约了消费者购买支付的时间，也减轻了消费者手提购物袋的负担。

5.4.4 江小白+同道大叔，玩转品牌与IP联合营销

传统零售业的产品，功能、质量、营销方式都相差不多，面对当今时代对个性化需求更加强烈的消费者，品牌想要脱颖而出，就需要寻找新的突破口。江小白和同道大叔的合作就是一个成功的例子。

江小白一直是白酒中与众不同的产品，面对的消费群体是有态度的、特立独行的年轻人。江小白一直致力于和都市中的奋斗青年们关联在一起，而这群青年在很大程度上和热爱星座文化的群体是重叠的。同道大叔作为星座文化的超级IP，粉丝中有两千多万都是十七岁到二十七岁的年轻人，这也就意味着，江小白和同道大叔合作，就能契合消费者的个性，满足他们双重的心理需求。

同时，江小白和同道大叔这次跨界合作，充分利用了互联网的优势，二者线上线下联动呼应，整体配合，形成了一种新型有效的营销模式，是新零售营销模式的一次尝试和实践。

第一次宣传由同道大叔发布预热海报，宣布同道大叔星座瓶的诞生，江小白立刻对此做出回应；第二波互动中同道大叔推出《12星座酒桌战斗技能一览》漫画，在漫画中巧妙地植入广告，让读者乐于接受，江小白对此积极配合，并扩大宣传范围；第三次，"十二星座饮酒醉"话题和《我双鱼 为何天蝎要恨我》的文章在网络上引发一波热烈讨论，同道大叔和江小白的合作不但传播范围广，也让消费者感到有趣。江小白联动各个网络媒体，线上线下同步推广，使这次新零售模式下的营销十分成功。

那么，江小白和同道大叔的合作，为何会获得如此巨大的成功，扩散传播范围这么广呢？主要有以下三个原因，如图5-3所示。

图5-3 江小白和同道大叔跨界合作成功原因

1. 形象讨喜

同道大叔的星座漫画形象十分讨喜，也拥有大量的粉丝群体，江小白和同道大叔的合作更新了产品的包装，有趣味性的外观让产品能够吸引消费者的注意力，也能使同道大叔的粉丝乐于购买。

2. 创造社交话题

同道大叔的星座吐槽本身就具有极高的话题性，话题更是包含爱情、友情、事业、学习等多种生活内容。同道大叔与零售业的江小白合作起来，就能让品牌变得更有话题性和趣味性，也能满足消费者的社交需求，为他们提供社交话题，使产品能够通过消费者的自发分享扩大宣传范围。

3. 提高销售转换

借助同道大叔的IP，新一代的消费者就会更乐意购买那些有故事性、有趣味，以及在他们看来有品牌价值的产品，因此，这种跨界营销能够大大提升销售转换。

江小白和同道大叔的合作成功地给传统零售业的营销方式带来新的启发，超级IP的新价值被越来越多地开发出来，这给了我们品牌人提供了新的思路。

第6章
把消费者当作传播者的品牌营销思维

品牌营销：新零售时代品牌运营

在新零售时代，无论是在线上还是线下，利用忠实的消费者向周围的人传播品牌的口碑都是非常有效的。因为，消费者不仅仅是消费者，还是传播者，他们对品牌有很深的了解，通过口碑传播也会影响到周围人的决策。在品牌营销中，商家需要强力打造产品的IP，实现传播载体的娱乐化发展，加入代入感较强的内容，让消费者自愿为品牌做宣传。

6.1 将消费者转变为传播者

将消费者转变为传播者是新零售时代品牌营销中的重要方式，忠诚的消费者对品牌具有很强的黏性，如果把他们变成品牌的传播者，带动周围的人，对企业来说，将会获得更大的利益，提升企业产品的品牌影响力。

6.1.1 消费者其实是4种角色

通常情况下，很多人认为消费者仅仅只是购买者，除此之外，再无其他角色，因为，消费者最主要的目的就是购买产品，但是，这种想法是错误的。消费者除了是购买者之外，还是受众、体验者和传播者（见图6-1）。

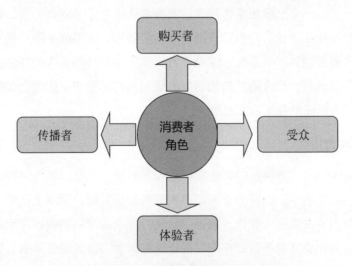

图6-1 消费者的4种角色

1. 购买者

无论之前商家的广告宣传还是消费者的免费体验，最终的目的都是让消费者产生购买行为。只有消费者购买产品了，才算是完成了营销。那么，在购买阶段，商家最在意什么呢？

大部分商家最在意的是沟通。购买阶段的沟通是严肃并且快速的。严肃是因为让消费者购买是很严肃的事情；快速是因为商家需要说服消费者，让其快速购买。当然，沟通也是需要技巧的，商家需要运用一些基本的营销话术和技巧来触发消费者的购买心理。

如果商家从购买者的角度去考虑问题，作为一个购买者，最在意产品的使用价值还是产品包装。了解了购买者的购买因素，才能完善优化商家的产品及服务。

2. 受众

在当今的信息化时代，我们无时无刻不在接收各种各样的信息。在营销领域，如果商家想要把产品信息传播给更多的人，则需要扩大产品信息的受众范围。有的商家会投入大量的资金来打造产品的宣传广告，有的商家还会花费几亿元把产品信息植入娱乐节目中，主要是因为娱乐节目的观众比较多，对于公司来说，这会扩大产品的受众范围，为公司带来更多的消费者。

试想一下，一个产品如果想要得到消费者认可并让消费者购买，首先需要让消费者产生购买欲望。广告宣传是非常有必要的，如果商家的广告文案恰好能够吸引消费者的注意，那么，这个广告文案就是成功的。人们在生活中每天会接收大量的信息，出众的广告信息才会吸引人们的注意。因此，如何抓住受众的心理，也是很多商家关注的重点。

3. 体验者

在新零售时代，消费者的体验变得越来越重要，也是很多商家关注的关键点。在线下实体店中，商家为了刺激消费者的购买欲望，采用了试吃、试用等方式来提升消费者体验。在线上营销平台中，商家从产品的设计入手来提升消费者体验。因为消费者不管是在购买前还是购买后，或者是体验者，只有在体验中获得满足感，才会购买甚至重复购买。

电商坚果类销售中，三只松鼠的销售额连续多年都居于首位，最主要的原因就是它非常重视消费者的体验。在线下实体店还没有开设之前，为了提升用户体验，其在产品的包装设计、拆箱过程、客服服务等方面花费了更多心思。

但是，三只松鼠并不满足于仅仅是线上的营销，开始积极布局线下实体店，将消费者的体验又提升了一个高度。比如，2017年2月份，章燎原不惜损失200余万砸掉苏州的投食店，进行重新装修。从这件事也可以看出三只松鼠对消费者体验者身份的高度重视。

不同的产品也具有不同的体验。对于商家而言，无论是在产品的设计中还是销售过程中，注重消费者的体验是非常重要的。

4. 传播者

当消费者购买产品之后，就会转变为传播者的角色，传播对产品的有利评价或者负面评价。很多商家认为把产品销售出去就完成任务了，但是在现实中并不是如此。消费者对产品信息的传播会对产品产生重要影响。

现在很多商家都很重视售后服务及产品口碑，最主要的原因是商家重视消费者作为传播者的角色，通过他们产生好的口碑效应，从而使产品达到病毒式传播的效果。比如，网易有一句话"网易出品，必属精品"，这句话并不是网易自己提出来的，而是网友们对网易产品的良好口碑而形成的好的市场评价。

广告人对于"千人成本"这个概念都非常熟悉。通俗来讲，"千人成本"就是媒体将一条消息送达到1000人手中的成本计算单位。但是，如果一个产品形成了良好的口碑，就可以省去这个成本，通过将消费者转变为传播者为品牌做宣传。

一个公司或者一个产品即使拥有成熟的市场，拥有一定的知名度，也要重视消费者的这4种角色，最重要的原因就是产品或者企业有一个获得知名度——美誉度——忠诚度的过程，这个过程比较漫长。并且，受众是跟随时代的发展不断变化的，市场在变，只有重视这4种角色，才能跟上时代发展的速度。

把消费者变成购买者，再变成传播者，是每个商家都需要思考的问题，目前，这个问题还没有具体的答案，商家唯一能做到的就是重视消费者的这4种角色，时刻跟随时代变化。

6.1.2 口碑从尖叫中产生

在品牌营销中,一个好的引爆点能够引起消费者的尖叫,从而产生口碑。那么,如何找到让消费者尖叫的引爆点呢?下面以休闲食品为例具体讲述。

休闲食品扎堆生产,产品相似度极高。如何冲出重围,是中小休闲食品商家亟须解决的难题之一。新零售时代的到来,为休闲食品行业带来了巨大的商机。商家不再只依靠线下实体店营销,而同时采用线上营销模式,利用互联网的快速传播等特点,降低了商家的时间成本,为中小休闲食品商家打开另一片天地。

如何让越来越挑剔的消费者产生购买欲望?给消费者带来味觉与视觉的双重体验成为关键。简而言之,就是休闲食品必须让消费者尖叫。味觉体验是让产品的口感符合消费者的胃口,但是几乎没有让所有消费者都达到百分百满意的食品,因此,只需让部分消费者满意即可。只有这样,才能形成后续复购率,为商家带来忠实的消费者。

视觉体验需要让食品在品牌形象、产品包装、传播形象等方面对消费者产生视觉冲击。食品在视觉方面的趣味性,可以是画面、卡通人物、传播话题、宣传内容等。在消费者看到食品信息的传播载体,如包装、海报、H5、网络传播内容等方面引起消费者的注意。

味觉与视觉的同时冲击,实现了让消费者看到后尖叫、品尝后尖叫的效果。再加上娱乐化十足的内容刺激,加深消费者对食品的印象。让消费者作为传播者扩大食品信息的受众范围,扩大品牌与产品信息到达率。

君子派作为和星世纪旗下一个休闲食品品牌,产品遍布各大超市。君子派的休闲食品相对全面,涵盖了果冻类食品、糖果饼干、干果、肉脯、特色糕点、养生食品、进口食品等多种食品。在营销中,君子派休闲食品就达到了让消费者尖叫的效果,形成的良好的口碑。

君子派在食品生产中严格把关。例如,果冻类食品除了注重营养和口感之外,在外观和包装上也十分时尚美观,在价格定位上采用中、中低端两种价位,性价比高,深受消费者喜爱。它的食品品种丰富,在口感及外观上都跟随时代潮流，带给消费者视觉与味觉的双重体验，因此，在消费者中形成了良好的口碑，拥有庞大的客户群。

6.1.3 从消费者出发的4个营销角度

在品牌营销中，如何吸引消费者注意，成功让消费者购买呢？消费者的购买心理很重要，想要抓住消费者的购买心理，则需要站在消费者的角度来做品牌营销。从消费者出发的营销角度有4个，如图6-2所示。

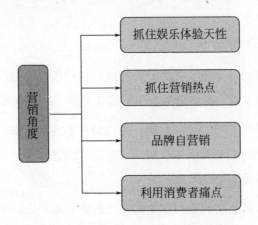

图6-2 从消费者出发的4个营销角度

1. 抓住娱乐体验天性

娱乐体验是人的天性，消费者也喜欢有趣的东西。在营销中，商家需要根据产品的特色来挖掘产品本身所具有的娱乐特性，或者为消费者营造趣味愉悦体验，这都是吸引消费者注意的有效方式。例如，搭载"爸爸去哪儿""中国好声音"等火爆的综艺节目以及优酷、腾讯等视频网站的娱乐营销顺风车，各大企业各展神通，展开营销大战。

2. 抓住营销热点

在生活中，每个人都对新鲜事物或者热点事件具有强烈的好奇心和关注度。在品牌营销中，商家可以挖掘行业、企业中还没有被发现及广泛传播的新鲜点、热点，有针对性地对这些热点制定营销传播策略。利用这种方式，商家就可以快速吸引消费者的注意,让产品备受消费者关注。

3. 品牌自营销

在品牌营销中,自营销也是商家常用的一种方式。在当今时代,小米、锤子等品牌已经是自营销的代表。几乎完全通过互联网来运作的小米手机,通过雷军的"名人效应""类苹果发布会"等事件为小米品牌带来更多的曝光度。

此外,小米自身也非常重视社会化媒体的力量,在小米的微博、论坛中聚集了大量业界精英、手机发烧友等口碑的意见领袖,使小米品牌借此不断掀起"口碑"风暴。

4. 利用消费者痛点

消费者痛点指的是消费者在体验产品或服务过程中没有达到原本的期望而造成的心理落差或不满,最终会形成负面情绪爆发,让消费者感觉到痛。

这种痛点对于商家来说是有利的。因为消费者拥有无限的欲望,商家无法无条件地满足消费者的所有需求。对此,商家可以选择满足消费者最核心的需求,放弃一些不必要的附加需求。

在营销中,如果商家能够利用消费者的这些痛点,巧妙地让消费者把关注点放在核心需求上,从而使他们逐渐忽略这些痛点,然后能够深刻体会及认同品牌的价值。例如,西南航空、春秋航空等廉价航空不向乘客提供免费的餐点,但是乘客还是会因为其票价的低廉而欣然选择廉价航空。

6.2 怎样让消费者自愿为产品宣传

商家想要扩大品牌的影响力,通常会采用广告宣传的方式,但是这种方式的成本是巨大的。与之相比,让消费者作为产品的宣传者,免费为产品做宣传,产生的效果也是不容忽视的。那么,如何让消费者自愿为产品做宣传呢?

具体来说,有四种方法:将品牌打造为IP,传播载体娱乐化,内容有代入感,告知优势不如感知惊喜。

6.2.1 将品牌打造为IP

IP作为一种新工具和新方法为现代市场带来了巨大的红利。在新零售时代,品牌占据了一个IP就相当于占据一个永久的消费入口,这个路口能持续为品牌提供大流量。在线上、线下流量都非常稀缺和昂贵的时代,IP对于品牌具有非常重要的意义,那么,如何将品牌打造为IP呢?

下面以三只松鼠为例来体会品牌IP的打造方法及独特魅力。

在生活中,我们在购买坚果时,会首先想到三只松鼠,为什么会出现这样的情况?主要是因为它已经是坚果领域的超级IP,产品信息已经被植入到我们生活的各个方面,几乎是无人不知、无人不晓。

三只松鼠是如何打造品牌IP的呢?可以从以下四个维度来阐述,如图6-3所示。

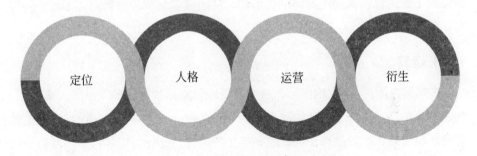

图6-3 三只松鼠打造品牌IP的四个维度

1.定位

2012年,"三只松鼠"创立,创始人也预测到坚果食品在未来会有巨大的市场前景。一方面,坚果本身具有非常高的营养价值、保质期长、方便运输;另一方面,国内也迎来了新一轮的消费升级,消费者对于食品的需求已经从温饱转向健康以及品质,而坚果正是全球公认的健康食品。

从最初成立时,"三只松鼠"的目标消费者定位就非常明确,它没有追求大而全的消费者,而是把目标锁定在80后、90后等新生代群体。这些群体有着张扬的个性、时尚新潮、对生活细节比较挑剔,是未来商业的主导力量。他们以网购为主,非常注重消费中的体验,因此,"三只松鼠"选择线上网络作为主要营销渠道。

这样,三只松鼠的定位也就明确了,它是第一个互联网森林食品品牌,代表天然、新鲜和爱萌。

2. 人格

"三只松鼠"围绕定位,通过主人文化及三只卡通松鼠,赋予了品牌卖萌、亲切和贴心的鲜明人格,拉近与消费者之间的距离。其利用主人与宠物之间的关系代替传统的商家与消费者之间的关系,客服以松鼠宠物的口吻与消费者交流,在这种关系中,消费者扮演主人的角色,而客服则扮演宠物的角色。以此来使品牌更加贴近消费者的生活,形成了亲切、真实,极富感染力的人格。

"三只松鼠"融入了森林、绿色健康、休闲、卖萌、有趣等元素,通过鲜明的形象以及独特语言体系,打造出一个独树一帜的品牌萌系人格。这种方式既迎合了新生代主流消费群体的价值观,又增强了品牌的感染力,因此,一经传播就引爆了市场。

3. 运营

在运营方面,"三只松鼠"在各个消费接触点持续强化萌系品牌人格形象,创造萌系内容。从线上店铺的产品介绍、动漫设计、广告宣传,再到线下实体店的产品包装、附赠品等都保持统一的卖萌风格。此外,它还打造一系列活动来与消费者互动,不断强化消费者心中的品牌形象,无形中就传递了品牌理念,推广了产品。

2014年4月,"三只松鼠"成立了子公司——松鼠萌工场动漫文化有限公司,该公司最主要的任务就是在国内甚至世界上传播三只松鼠的动漫形象,使其成为人人皆知的品牌。利用可爱的动漫形象除了给消费者带来欢乐之外,还增强了品牌的互动性、沟通性、参与性与分享性,使其成为一个具有持久生命力的品牌IP。

企业在进行品牌IP运作时,娱乐基因和媒体属性都是不可缺少的,从三只松鼠的运营来看,是非常符合IP运作规律的。

4. 衍生

"三只松鼠"实现了品牌的IP化及人格化,不仅开设了大型的线下实体体验店,甚至投资数千万聘用原迪士尼编剧以及中美韩团队,来为"三只松鼠"拍摄动画大片。"三只松鼠"从最初的农产品企业、互联网企业,到线下品牌、文化产业和动漫企业,它的IP在不断衍生,向着超级IP发展。

6.2.2 传播载体要娱乐化

娱乐化的品牌营销方式更能吸引消费者的注意,让消费者愿意购买,进而成为宣传者,为品牌扩大影响力做出贡献。

以德芙为例,随着时代的发展,德芙的推广策略也在不断改进。在其成长期,德芙通过广告策略来传播推广品牌。广告采用独特的创意,阳光优雅的女生搭配优美的吟唱音乐以及低沉感性的旁白,成功吸引了消费者。

从近几年来看,德芙的营销模式越来越注重娱乐化。

首先,德芙在电影《杜拉拉升职记》中成功植入了广告。在电影中,德芙是杜拉拉消除工作压力、寻求快乐和力量的动力,虽然在电影中只出现了几个场景,但是已经很好地展现了德芙美味极具活力的味觉体验。

其次,2010年10月,为了推动新产品"心声"的上市,德芙推出了话剧《一颗巧克力的心声》,通过一个简单的剧情描写来展现出人对生活的感悟及心声,这恰好契合了德芙的"心声"产品。与此同时,德芙还推出了相关营销活动:"征集'心声'"。这种方式不仅引起了消费者对话剧的深思,也让他们深深地记住了德芙品牌。

此外,随着时代的发展,传统的品牌营销模式已经无法适应当前社会的需求。德芙开始寻求在互联网中的品牌传播,它与酷我音乐实现合作,把酷我音乐网站作为平台,让消费者参与到音乐、游戏、阅读、巧克力制作等多个环节,创造多重感官体验。

与酷我音乐进行联合营销,使传播载体更加娱乐化,实现了与消费者之间的互动,拉近了品牌和消费者之间的距离,强化了其品牌认知度和黏合度。

在互联网中,德芙的一个重要展现就是官网的布置,优美的音乐搭配温馨浪漫的巧克力色背景以及感人的背后故事，都使德芙品牌给消费者留下了深刻印象。德芙巧克力通过很合理的娱乐营销模式极大地塑造了品牌，提高了消费者对品牌的忠诚度。

6.2.3 内容有代入感

仅仅让消费者看到广告是远远不够的，广告的最主要目的是引起消费者的共鸣及反应。腾讯与百事实现合作，共同推出"动起来，就现在"的活动，并联合宝马自制节目《旅行家》，具有代入感的内容再加上平台的运营能力，使品牌与消费者需求之间达到了平衡。

在新零售时代，品牌传播为了扩大自身的影响力开始实现跨平台的营销模式，2014年，腾讯利用旗下的多维度内容平台的影响力和广泛的受众基础优势，帮助很多品牌成功实现了营销。

例如，腾讯与百事实现合作，借势世界杯，利用国内外明星视频、音乐、体育的制作MV《Shake Your Body》进行品牌推广。利用微信以及腾讯地图LBS，增强消费者的黏性，让消费者积极参与到活动中来，提升百事在体育大事件中的营销影响力。

除此之外，腾讯还与明道工作室合作推出了"跟着明道趣旅行"栏目；在巴黎时装周上为宝马量身定做独一无二的节目，把"BMW X4寻常外之旅"作为节目的主题，通过整合核心产品来助力品牌的宣传。为了调动消费者的积极性，腾讯打造出有代入感的营销内容，提供了品牌与消费者之间亲密接触的机会。

这些品牌能够成功扩大影响力，离不开腾讯提出的有代入感的营销内容，这些内容是创新的、与时代接轨的、多方面的，从而实现了消费者之间、消费者与商家之间的联系。

2014年，百事揭幕了全球的超级巨星足球阵容，打造了轰动全球的广告片之后，继续为足球盛宴增加明星阵容，集结了郭富城、蔡依林、罗志祥、黄晓明、吴莫愁五大明星，共同拍摄了《Shake Your Body》音乐足球大型广告，通过打造一支具有活力的足球舞为足球助阵，让群星的舞蹈魅力带动消费者的热情。

这次活动也是在2004年百事集结九位明星之后,首次集结当红明星代言人打造的大型足球音乐广告,让消费者深刻体会到了品牌内容的代入感。"酷爽的体验"作为此次活动的主题,也是百事可乐的品牌理念。

在四年一次的足球世界杯上,百事打造了一场年轻人参与的足球狂欢盛宴,实时互动的娱乐狂欢,以此来诠释自身的品牌主张——"喝足夜战,动起来",无论资深的老球迷还是伪球迷,都能真切地感受到世界杯的精彩。

与此同时,百事还借助微信和腾讯地图LBS,用户能够通过微信的官方页面进入活动后台来自动定位球迷的位置来参与活动,球迷能够随时参与到比赛中,还可以参与到"给劲摇"的游戏中,从而赢得抢球大战的胜利。

百事利用腾讯地图LBS的定位功能来精准锁定附近的好友,用户能够快速邀请附近好友加入,一起来获得人气爆棚的奖项。这项活动实现了好友之间的互动与体验。短短两个月的时间,百事就实现了在移动端整体互动量超过了600万次,微信强大的社交黏性,使用户多次参与到百事活动的互动中来,人均的互动频次超过了30次。

腾讯与百事品牌共同打造的MV在全国互联网中传播之后,百事品牌在音乐与体育界快速传播开来。此外,百事还借助世界杯营销风潮,通过打造类似世界杯的简单互动游戏,再利用腾讯的优势产品共同出击,推动了消费者与品牌之间的互动,感受世界杯与品牌的魅力。

腾讯与百事是做内容的高手,我们可以借鉴学习。总之,无论是推广产品,还是品牌,都离不开有代入感的内容,通过有影响力的内容,让消费者主动帮助产品做宣传。

6.2.4 告知优势不如感知惊喜

在当今时代,生活节奏的加快使消费者的时间越来越趋于碎片化。消费者无暇关注各种广告信息,也缺乏足够的耐心,逐渐降低了对广告信息的敏感程度。目前,很多品牌都面临着自身的营销信息无法吸引消费者的注意、资源存在浪费等各种难题。但是,与之相反的是,"有趣""好玩"的营销方式开始被广大的消费者所接受,并希望在生活中可以看到更多让他们"出乎意料""感到惊喜"品牌。

在品牌营销中,商家最需要注意的是在传播品牌信息的同时,制造与消费者之间的多次互动,通过打造别出心裁的"惊喜"来吸引消费者的注意力,然后提升品牌产品的销量。在这一点上,麦当劳展示了它独特的营销魅力。

麦当劳与当时火爆的微信小游戏"跳一跳"实现了合作,在2018年春节期间依托社交平台,为消费者打造了一场火爆的"惊喜一刻"营销活动。这也是"跳一跳"游戏首次开展商业合作,与麦当劳一起来打造趣味性营销活动。

与传统的大型游戏不同,小型游戏具有门槛低、便捷性强、用时短等独特的优势,吸引了很多消费者的关注。有数据显示,在2018年春节期间,小游戏的在线人数达到了2800万人/小时。"跳一跳"在诞生初期就引发了一波又一波刷分热潮,并且已经成为春节聚会的新风尚,并占据了"最受欢迎小游戏"排行榜的首位。

在小游戏中,用户的参与热情极高,互动性也比较强,关注度比较高,因此,它成为品牌营销借势发力的又一方向。"跳一跳"作为最受用户欢迎的小游戏,它的加分彩蛋部分,也是用户在游戏中最为关注的,并且会在此多做停留来获得加分。麦当劳正是抓住与消费者进行深度沟通的机会,在彩蛋部分为用户制造"惊喜"。

麦当劳利用"跳一跳"游戏春节版,趣味性植入了品牌"金拱门"方块,使用户在游戏的过程中,除了拥有传统的加分之外,还能看到独特的产品动效。用户只要在游戏中跳过两次"金拱门"方块的彩蛋后,在微信上搜索麦当劳的小程序,然后输入在"跳一跳"游戏中看到的两个麦当劳产品的名字就能获得麦当劳的优惠券,这些优惠券能够在全部的线下餐厅使用。

麦当劳通过非常巧妙的植入方式洞察了用户在游戏中"刷分上榜"的需求,利用加分以及优惠券的双重惊喜,营造了一种用户以看到麦当劳广告为荣的游戏心理。并且,春节版的"跳一跳"中还增添了观战及多人对战功能,以此来带动更多用户的参与。麦当劳通过此次合作将社交、游戏以及O2O联动连接起来,引发了消费者的广泛参与。

麦当劳向消费者展示的是年轻化的品牌形象，这种愉悦的品牌调性恰好契合了"跳一跳"小游戏中的用户属性。麦当劳的这一趣味性植入，在加深消费者对麦当劳品牌形象的同时，也提升了麦当劳小程序的知名度，使麦当劳成功有了亿量级的消费者人群。

麦当劳在传统的品牌营销中注入新鲜感，为消费者打造一波又一波"惊喜"，满足了消费者对于新颖营销方式需求。那么，"惊喜"的营销方式能为品牌营销带来哪些价值呢？

首先，麦当劳创造的"惊喜"是为消费者提供了独一无二的品牌体验。一方面，在游戏中，通过额外加分来使用户获得奖赏，提高消费者的愉悦度；另一方面，"惊喜"的优惠券使消费者获得了非常丰富的情感体验，从而大大提升对品牌的好感度，使品牌更加深入消费者的心里。

其次，专门定制的彩蛋部分也加深了消费者对于品牌的印象。在"跳一跳"游戏春节版中，麦当劳制造的彩蛋能够成功吸引消费者的注意。这时，对于品牌的营销信息，不再是消费者被动接收，而是主动选择，更加加深了对品牌的印象，深入感知了麦当劳年轻时尚的品牌形象。

最后，麦当劳制造的"惊喜"还降低了品牌的营销成本，并进一步提升转化。很多品牌在制造"趣味体验＋惊喜营销"的时候，主要采用的是线下活动的形式。这种形式不仅需要花费昂贵的场景搭建成本，人力、物力等成本，也会因为地域限制降低产品的受众范围，无法保证成本和效果转化。商家想要打造一场完美的"惊喜"营销活动也是很难实现的。

而麦当劳在"跳一跳"游戏中的趣味植入，打破了地域的限制，扩大了产品的受众范围，消费者能够随时随地、多次参与到营销活动中来。用户在活动中还能额外得到产品的优惠券，并且在营销中增添了竞争和趣味性的因素，也大大提升了消费者到线下消费的可能性，保证了品牌营销的转化率。

消费者对于美好体验的需求越来越大，因此，塑造良好的品牌体验是加深品牌与消费者之间联系的有效方式。麦当劳在游戏中打造"惊喜"品牌营销方式，更是将"惊喜体验"转化为产品的销量，在消费者对品牌和广告内容不敏感的时代，探索出了一条新路径。

6.3 创造影响受众选择的机制

传播学上有一个理论，就是受众在通过媒介接收信息的时候，会有很大的选择性。选择性表现为三个过程，分别是选择性注意、选择性理解和选择性传播。在本小节主要介绍新零售品牌如何传播信息才能被受众选择。

6.3.1 让大脑无法过滤

在接收信息的过程中，人的感觉器官会收到各个来源的信息刺激，但是并不是任何信息都会被大脑接收，因为人脑具有自动地选择性过滤无用信息的功能，以保证人能够将注意力集中到他们需要注意的信息上去，并对这些没有被"过滤"的有效信息做出反应。

因此在很多时候，新零售企业可能会发现自己投放的推广信息没有回应，这就是因为投放的信息不能引起受众的注意，被受众的大脑当成无用的信息自动过滤掉了。因此，如何向目标消费群体投放有效信息，使消费者大脑无法过滤这些信息，从而能使信息被消费者注意到，就是新零售企业在进行品牌推广传播时首先要注意到的事情。

如何让需要传达的信息具有竞争力，能够不被消费者的大脑过滤掉呢？利用如图6-4所示几种方式提高信息质量与投放信息是较为有效的措施。

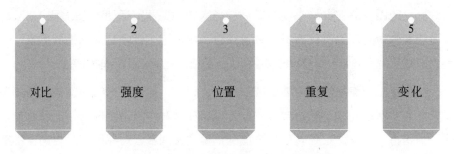

图6-4 引起消费者注意的信息表达方法

1. 对比

新零售企业可以将内容差别很大的信息编在一起，形成强烈的对比效果，给消费者带来感官上的刺激，从而在较大程度上引起消费者的注意。

2. 强度

在一定的环境下，信息之中强度比较大的、刺激性强的信息更能引起受众的注意。因此新零售企业在设计信息内容表现形式时可以适当采用刺激性强的方式吸引消费者。

3. 位置

新零售企业认真分析辨别在何时何地投放信息受到的干扰较小，能够避开其他信息的干扰和竞争，从而获得良好的传播效果，较成功地引起消费者的注意。

4. 重复

不断地重复相同的内容能引起较大的注意。新零售企业可以适当重复信息内容，从而引起消费者的关注。

5. 变化

信息长时间不变，就会使受众对信息内容产生疲惫感，失去兴趣，从而不再注意相关信息。因此，为了保持新鲜感，新零售企业在向消费者传播信息时内容应该不断变化。

除此之外，信息接收的选择性不只是对某些对象而言的，选择还受到接收者自身的信息接收目的、方向影响，人的大脑是会根据自身需求积极对某些信息主动接收的。这些影响信息接收者主动接收信息的因素如图6-5所示。

① 接受定向是指接收者本身就对信息接收存在预定的方向，违背定向的信息都会被过滤或者抵制、歪曲。

② 接受期待是指信息接收者意识到他能接受到某种特定信息，就会在意识中期待即将注意到的这类信息。

③ 接受需要是指拥有不同需要的接收者面对同一信息会产生不同的反应。

④ 接受个性是指因接收者的个性不同而对不同信息的接收程度有差别。

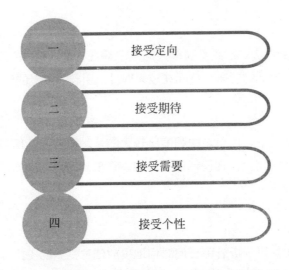

图6-5　影响信息接收者主动接收信息的因素

因此,我们要灵活运用这几个方式,并理解消费者接收信息的特质,尽力做到防止信息被大脑过滤,使得新零售企业投放的宣传信息可以被消费者有效注意,从而达到良好的宣传目的,让品牌在消费者心中留下一定印象,进而展开下一步的工作。

6.3.2 大脑的认知

本小节中向大家讲解受众在接收信息时的选择性理解,也就是大脑对信息的认知与处理。选择性理解指的是,不同受众对同一信息会产生不同理解。消费者对新零售企业传递的信息的选择性理解对品牌形象的塑造产生着巨大的影响,不同的理解会导致消费者对品牌产生不同的观感。选择性理解主要有以下3种影响巨大的心理因素,如图6-6所示。

图6-6　影响选择性理解的心理因素

在这3种心理因素中,需求的心理因素起到决定性的作用。下面将联系弗洛伊德的理论,向大家讲解需求对消费者选择性理解产生的影响。

弗洛伊德的需求理论中提到了人的无意识和与生俱来的需求。他认为,首先人的行为大多数是由无意识的心理因素导致的,这些由无意识心理因素导致的行为也是不可预见的,比如说人的口误、错别字、无意识的举动,这些行为都是无意识的,既不能预测这些行为什么时候出现,也不能预测它们会以怎样的方式出现。

与此同时,人有很多的需求和欲望是与生俱来的,这些需求和欲望受到自身意识的压制,其自身是无法感觉到的。然而被压制的需求依然存在,人的无意识会促使人类做出无意识的行动使得这些需求得到满足。

也就是说,作为品牌人,在进行新零售品牌的塑造与推广时,应当精准分析消费者内心被压制的这一部分需求,加强这一部分需求,切中要点,释放消费者内心的需求和欲望,才能达到预期的效果。分析选择性理解的以下两种层面,有利于品牌人在向消费者释放信息时发挥出选择性理解的正面作用。

1. 创造性理解

品牌人最期望达到的、最有效果的信息传播就是能够让受众对信息创造性理解。如果一个新零售品牌传递的信息有足够深刻丰富的内涵,从而使消费者乐于对品牌传递的信息进行创造性地理解,并从中感受到快乐和有意义,那么品牌的信息就是成功的。

2. 歪曲性理解

歪曲性理解是我们最不希望让消费者做出的一种选择性理解。如果接收信息的消费者存在某种思维惯性和情绪,带着偏见理解信息,就有可能会将新零售企业传递的信息和价值观完全歪曲、混乱本意,得出与信息原意截然不同的概念,甚至影响信息的原意的正常传播。

因此,在新零售企业传达品牌要传递的信息之前,要对信息的表达方式做多层次的、丰富和深刻的梳理,从正反两个方面反复研究考虑是否能使大脑正确认知。思考信息能否使消费者创造性理解,又会不会使部分消费者产生歪曲性理解的倾向，发扬优势，规避可能出现的不良后果，从而利用大脑的认知特点有效传递品牌信息。

6.3.3 熟知并保持惊喜

除了提到的选择性过滤、选择性理解之外，受众的选择机制中还有一层选择性记忆的过程。受众的选择性记忆是让消费者能否对品牌传递的信息熟知的决定性因素。选择性记忆指的是信息接收者只会记忆对自身有利或者自己乐于记忆的信息，其他的对信息接收者来说无意义的、不想记住的信息就会被遗忘，即消费者会选择性地记忆信息。

我们品牌人都希望自己的品牌能够被消费者牢记熟知，新零售企业竞争激烈，更需要被消费者记住从而脱颖而出，那么具体应该怎么做呢？这里教大家从影响选择性记忆的3个因素入手。选择性记忆主要有三个影响因素，分别是主观因素、客体因素和载体因素，如图6-7所示。

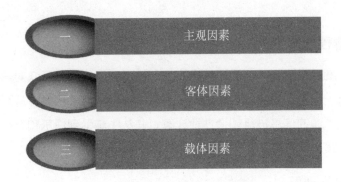

图6-7 选择性记忆的影响因素

1. 主观因素

信息接收者在接收信息之后，会根据自己的主观原因对接收到的信息进行加工和改变，或者是对某些内容遗忘、只记忆一部分内容。除此之外，事实证明：经过信息接收者自身主观加工创造的内容，会比未经其加工的信息更容易让接受者记忆；让信息接收者更感兴趣的内容，比接受者不感兴趣的内容更加容易记忆；能在感情上打动信息接收者的信息，比不能打动消费者的信息更容易记忆。

2. 客体因素

在信息接收者接收抽象信息的前后，为他们提供有具体意义的背景资料能够使接收者更容易记忆。另外，由于人接收信息的方式是连贯的，储存信息的方式是将各种信息转化为有次序的组合，这就意味着，信息接收者接收到的信息越复杂，就需要花费约长的时间记忆，遗忘得越快，反之则记得快忘得慢。因此，品牌在传递信息时应当适量适度向消费者输送信息，才有利于消费者对品牌的熟知。

3. 载体因素

多种传播媒介和形式的信息表达有利于信息接收人对信息的记忆。也就是说，图文并茂的形式比纯文字的形式更能让接收者印象深刻，电子媒介和纸质媒介结合又比单一的纸质媒介更能让接收者记忆更多的信息。因此，对我们品牌人来说，灵活利用多种媒介能够使各种媒介之间取长补短，从而使品牌信息向消费者传播更加有效。

传递品牌信息给消费者，并使他们熟知品牌，之后还需要和消费者形成沟通反馈的回路，不断进行互动交流，经常性地向消费者输送惊喜，从而使消费者对品牌保持新鲜感，提升消费者对品牌的忠诚度。我们品牌人可以在日常的经营中为消费者提供一点小小的惊喜，让他们对品牌的记忆更加深刻。比如说，制造一点特殊的仪式感、制造一些人性化设计、使用赠品抽奖之类的彩蛋、用新奇的产品让人眼前一亮等。

通过透视这3个环节，利用其中隐藏的传播学原理，不断变换品牌向消费者传递信息的方法和内容，就可以加强新零售品牌传播的生命力，扩大品牌影响力。

6.4 为用户营造"美妙感觉"

新零售品牌想要一炮而红，不仅要理解影响受众选择的机制并投入运用，做好对品牌的宣传工作，打响品牌知名度，还需要为消费者节约选择成本，挖掘消费者的潜在需求，让消费者能够从产品和服务中体会到超出满意程度的"惊喜感"，拥有"美妙感觉"。

6.4.1 解决选择困难症

现在，消费者对非个性化产品的兴趣越来越低，产品的个性化已经变成了必须考虑的事。新零售企业正站在通过大数据挖掘消费者需求、为消费者进行个性化定制服务的风口，为不同消费者提供不同的细分产品也是新零售企业必须做的事情。消费者需要选择权，企业给出的选择空间不够大就会使消费者感到不快，然而如果消费者面对太多的选择，就会产生"选择困难症"，进而因为难以抉择而放弃对产品的购买。

过多的选择并不会让人们感到自由和愉快，他们会因为难以选择而陷入焦虑。果酱实验证明了这一观点：商店在两个柜台按不同方式陈列，一边摆了6种果酱，另一边摆了24种果酱，结果摆放了24种果酱的柜台只有3%的购买转化率，而摆放了6种果酱的柜台购买转化率在30%。

因此，我们品牌人作为消费者需求的满足者，应当帮助消费者做出决定，解决消费者的选择困难症。我认为，新零售企业应该把握好一个量，既给消费者足够的选择空间，又要针对消费者进行精确的定位，向消费者推荐最贴合他们需求的产品。以下是几个具体操作的小技巧。

① 一步一步挖掘消费者内心的想法。新零售企业通过调取大数据下消费者的偏好信息，了解消费者一贯的消费行为，为消费者缩小选择范围，让消费者对自己的真实需求形成概念，最终做出购买决定。

② 差别对待金额较大的购买决定。消费者在购买昂贵物品时，通常对价格敏感程度不高，更加关注产品的质量。因此，新零售企业可以向消费者提供几种价格适中的产品，据此调整帮助消费者做出选择。

③ 给出三个选择项。三个选项是一个比较适中的数量，一般新零售企业可以为消费者提供三个有不同侧重点和优势的选择项，消费者可以根据需求进行选择。

除此之外还有其他具体的方法措施，需要具体情况具体讨论。我们品牌人应当不断探索新的方法，帮助消费者解决困难。在当下，企业应该结合新零售时代下的大数据技术，根据消费者档案向消费者提供个性化定制选项，再由消费者从中挑选找出最符合自己需求的产品，这是一种有效的方法。新零售企业帮助消费者解决"选择困难症"也能更好地塑造品牌的良好形象，形成企业和消费者之间的紧密联系。

6.4.2 带去聪明、幸运的感觉

消费者做出选择是感受到的情绪和感觉，能够改变其做出决定的方式和最终的选择结果。聪明的营销者在推广产品的时候，会适度地对消费者奉承一番，让他们觉得自己聪明、幸运。新零售企业不妨采用这种方法吸引消费者。

如果消费者能感受到"自己十分聪明，在某件事上像是一个专家"，或者拥有"自己很有魅力、十分幸运"这样的感受，在做出最终的消费决定时就会更大胆、更迅速。在心理学上这种感觉被称为自我效能。自我效能，指的是人对完成任务、实现目标的能力更有信心。

越来越多的新零售品牌转变思路，将姿态放低，不再把自己当作专家和权威，而是让消费者觉得他们是专家。那么如何给消费者带来聪明、幸运的感觉，加快他们做出购买决定呢？下面列举几种本人在十多年的工作过程中总结出的小技巧，欢迎大家在新零售品牌的实践中检验。

① 对消费者进行一些小测试，询问一些看起来比较专业的具体问题。例如，询问"您更偏好哪方面的性能"之类的问题。消费者在回答这些问题时能够有效地提升自我效能，产生聪明、幸运的感觉，对新零售品牌的印象也更深刻。

② 对消费者进行重视性的语言描述。例如，新零售企业可以用这样的语句："您是我们非常重要的客户，我们需要征求您的意见……"表达对消费者的重视和尊重，从而获得消费者好感，提升消费者的自我效能。

③ 为促销对消费者提供优惠、折扣时设置一些门槛。例如，新零售企业可以为经常消费的消费者提供更大的折扣力度，或者在消费者的生日赠送小礼物等，让消费者认为自己得到折扣是因为自身的重要性。

④ 举行抽奖活动，根据抽奖结果给消费者一定折扣，给消费者带来"幸运"的感受。

这些举措不仅能促进新零售企业产品的销售，更重要的是，能够让消费者和品牌之间建立一种亲密的联系，从而使消费者形成对品牌的深刻印象和长久的忠诚。

6.4.3 不要无可比拟

市场上同质化的产品极多，消费者大部分情况是依靠直觉比较分析各种产品，最终做出选择的。消费者经常在市场上用直觉比较同类产品，迅速地对品牌和产品进行定位。因此，新零售企业不妨为自己设置一个参照点，让消费者用来比较，从而对产品的抽象性能和定位变得更加具体可感。通过比较参照点，可以为我们带来的好处有以下两个。

1.引导消费者做出决定

新零售企业事先了解竞争对手的信息，将自己的产品和竞争对手的产品放在一起，为消费者在比较中提供一个参考点，并对消费者的倾向做一个正面的引导，使消费者做出选择我方产品的决定。

2.增加消费者对产品的熟悉度

有很多时候，消费者对新研发的产品并不熟悉，或者从未接触过此类产品。新零售企业作为一个新型的潮流，其中有很多方面消费者并不理解，比如生鲜配送类的新零售企业。但是，随着消费者对外卖配送有一定的了解之后，大家会将生鲜类配送和外卖配送进行类比，这样消费者对生鲜配送的新零售企业的熟悉度就会大大提高。

以上三个小节针对促使消费者做出消费决定的三个因素进行了详细论述，我们品牌人可以从中获知：要想消费者尽快对产品做出购买选择，可以从减少消费者的选择难度、带给消费者聪明幸运的感觉、通过比较让消费者做出决定这三个角度入手。其他的方法还有很多，我们品牌人可以在新零售企业的探索实践中不断地进行归纳总结。

6.5 情绪时代的情绪营销

传统的营销强调产品的性能和卖点，消费者也极度重视产品的质量和特性，但随着消费的升级，现在各类产品的性能趋于完善，高品质的产品数不胜数，产品想要凭借高质量脱颖而出已经是很困难的事情了，因为各品牌的产品质量都不差。因此，为了吸引消费者，新零售企业在保证产品质量的前提下，还需要通过添加其他因素改善营销策略，这个因素就是情绪。

6.5.1 情绪化与感性决定

有研究表明，人脑中理性思考的区域和情绪感情的区域是不能同时工作。也就是说，情绪的优先性并不在理智之下，人在被情绪支配的状况下，理智是无法占上风的。因此，我们会发现生活中有很多冲动消费的行为出现，这是我们营销人能够利用的一个方向。

消费行为学理论认为，情绪对消费者的决策行为有直接的影响作用。情绪能够在消费决策中发挥关键作用，情绪是对人的行为结果的一种代表，它们借助可感知的方式影响人的决策。通常情况下，消费者的购买决策过程包括识别需要、搜集信息、评价备选项、选择和购后评价。情绪化的、感性的决策将会表现在这个决策过程中。

在识别需求过程中，消费者对影响自己的感情、情绪的信息更加关注；在搜集信息过程中，消费者更关注产品的知名度、产品的信誉度等信息；在评价备选项过程中，最主要的评价标准就是情感和情绪；购后评价的标准也是产品是否符合消费者情感上的期待。

无论消费者是否在购买过程中试图进行理性决策，都会受到情绪的影响。当消费者具有负面情绪，决策的依据一般是理性的认知，当消费者的情绪是正面的，就会依赖对品牌的情感、直觉和想象做出决策。消费者的情绪影响着他们的决策过程、决策结果和购后评价。

正面的情绪使消费者在选择产品时更加积极，会更深入地搜索需要的产品相关信息，自身也会对产品的信息进行心理上的加工，并基于此做出决策。负面的情绪则更容易做出悲观、消极的选择。

因此，我们营销人应该重点关注消费者的情绪因素，在新零售时代分析消费者的情绪状态，并对此做出相应的引导，努力营造能使消费者产生积极情绪的感受，使消费者在购买过程和购后体验的情绪都是积极正面的，从而提升品牌的竞争力。具体介绍可以从以下三个角度入手。

1. 调动、维持消费者的正面情绪

新零售企业应当重视能够唤起消费者积极情绪的方法，避免消费者产生消极情绪，同时重视营销传播活动，通过活动引发消费者的正面情绪，避免负面情绪。根据消费者的个性和特质，区分消费者的不同类别，然后有针对性地进行情绪的引导和管理。

2. 加强情感营销

新零售企业需要抓住情感这个核心点，将产品的物理属性和消费者的心理感受、情绪价值结合起来，更新传统的营销方式，使消费者从情感层面上和新零售企业产生深层的联系，从而发挥良好的营销效果。

3. 通过广告宣传企业的情绪概念

新零售企业投放广告时也要在广告中加入情感因素，用广告宣传激发消费者内心的情绪，满足消费者情绪层面的需求，促使消费者在心理上拉近和企业之间的联系，引发消费者的共鸣。

在某种程度上，情绪价值是品牌的灵魂，因此，我们品牌人应该打开新思路，深层挖掘并灵活地运用消费者这一情绪特质，发挥情绪营销的力量，打造让消费者亲近且信赖的新零售品牌。

6.5.2 不同情绪对消费者的唤醒作用

基本的情绪主要包括：快乐、悲伤、恐惧和愤怒。除此之外，还有一些情绪，比如丧、炫耀、羡慕、焦虑等。每种情绪都会激发消费者做出不同的消费决策。情绪具体是怎样影响过程和结果的呢？新零售企业又该如何利用这些不同的情绪唤醒消费者呢？

新零售企业的情绪营销方法大致可以分为两类：第一类是促使消费者向往积极的情绪，即高兴的情绪；第二类是让消费者回避那些消极的情绪，即悲伤、愤怒、恐惧的情绪。

第一类做法中，新零售企业可以将自己的品牌和一些让人感到愉快的、积极正面的事情结合起来，时间久了，消费者就会对此形成思维惯性，将正面情绪转移到品牌上来，这就是情感调节的作用。企业能够带给消费者积极向上的情绪，有利于消费者形成对品牌的偏好。每日优鲜的广告就是将自己"好好吃饭，用心生活"的广告语和一些新鲜食材摆在一起，唤起消费者愉快、积极的情绪。

第二类做法中，新零售企业可以唤起消费者的消极情绪，使消费者产生回避该产品的倾向。举个例子，新零售生鲜品牌，就可以通过描述消费者无法获取新鲜便利食材的场景，让消费者对此产生消极情绪，同时为消费者指明道路，如果想要获取新鲜便利的食材，我们品牌可以为您提供优质服务，从而使消费者产生购买欲。

此外，还有很多情绪不能被归类在积极情绪和消极情绪里。比如新零售化的木槿生活，宣传的是一种时尚、纯净、自然的生活态度和理念，广告语是"生活，从木槿开始"，迎合了消费者对这种生活方式的向往情绪。

6.5.3 如何巧妙点燃情绪之火

成功的情绪营销一共分三步，第一步是挖掘和发现消费者的情绪，第二步是对消费者的情感进行总结和梳理，第三步就是引爆情绪点、点燃消费者的情绪之火。那么，我们应该如何针对不同的情绪和不同的产品类别，做好情绪营销、引燃情绪之火呢？这里有以下几点值得注意和学习。

1. 找到相关的情绪发力点

也就是说，寻找当前消费者的痛点，以此为核心发力。寻找的这个痛点应该符合当前市场上大多数人的情绪需求，并与现状形成反差，刺激消费者的情绪。

2. 产品和情绪紧密结合

找到了一个很好的情绪切入点之后，就要想办法将产品和这个情绪结合起来，这并不是一件很容易的事。因此，在寻找情绪切入点的时候就应当选择和产品有关联的情绪，比如迪士尼的快乐梦幻情绪，淘宝的"买买买""剁手"等情绪。

3. 成为情绪的代言人

让人一想起这个情绪就能想到品牌和产品，成为在消费者心中印象深刻的存在。

4. 让情绪更加具体

找到的情绪点不能太大、太空泛，要具体一些，结合情景、切合实际，更不能无病呻吟。总结提炼出新零售时代消费者的情绪特征，这也是情绪营销里最关键的一步。

大家对情绪营销的应用，一定要换位思考，用自己的思路考察、挖掘消费者的情绪和心理，并对此进行加工、总结和引爆。我们在进行情绪营销时，一定要重视消费者的情绪和体验，用真诚的情感关怀消费者，绝不能玩弄消费者，乱搞噱头，否则不仅会给消费者带来不快，还可能将品牌形象拉入被消费者排斥的深渊。在泛娱乐时代的新零售营销，更需要严格注意这一点。

6.6 社群营销才是未来

在新零售时代，营销界有三大网红。

（1）社交营销：物以类聚，"人"以群分。

（2）IP营销：人格价值的回归。

（3）跨界营销：出的是产品，造的是内容，带的是爆款。

今天没有利用互联网下半场做品牌营销，是错误的；今天没有做社群营销，是另一个大错误；如果你认为社群营销是微信营销，那也是最大的错误。

通过微信用户红利做社群是我们要走出的第一步。

为什么我们要做社群呢？如图6-8所示。

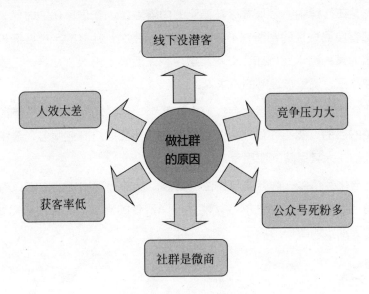

图6-8 做社群的原因

总之，得社群者得天下，得关系者得天下。社群营销目前已经成为品牌市场推广的标配，它凭借着精准、高效、渗透等优势吸引了很多商家的注意。在现代的营销中，社群营销已经成为新时代的"网红"。下面通过对社群营销的界限、社群思维、群效应以及社群营销的四个维度做详细介绍，并通过"罗辑思维""锤友"等案例来展现社群营销的魅力。

6.6.1 社群营销、社会化营销、社区营销傻傻分不清

俗话说："物以类聚，人以群分"，这句话清晰地印证了社群存在的价值。在社群营销中，客户是一个由用户变成粉丝再变成朋友的过程。社群中的人都有着相似的兴趣爱好，然后通过某种载体积攒一定的人气，社群中的某些产品能够满足群体的需求。

实现社群营销的载体不仅只有微信，其他平台，甚至是线下的平台都能进行社群营销。在社群营销中，最重要的就是意见领袖的存在，他代表的是某个

领域的专家或者是权威,从而传递社群的价值。在互联网时代,社群营销变得更加高效。每个社群都有一定的生命周期,因此,社群运营非常重要。

首先,在社群中,必须要存在稳定的内容输出,在信息化的时代,每个社群成员都有自己理性的判断,不会盲目跟风;其次,社群的定位要清晰,满足社群成员的某种需求,例如,交友、学习、生活等;再次,社群一定要满足成员渴望被尊重、渴望被理解的需求。

而社会化营销与社群营销存在很大的区别。它是利用某种商业手段来达到社会公益的目的,然后通过社会公益价值来向社会推广商业服务,最主要的目的是让人们成为其品牌的使用者。

在社会化营销中,内容是其关注的重点。品牌呈现出来的内容只有是最新颖,具有话题性以及讨论性的,才能满足消费者的需求。而好内容需要具备5个关键的要素,如图6-9所示。

图6-9 好内容的5个关键要素

1. 关联

商家必须把自己也当作消费者,品牌内容的任何一部分都要满足消费者的需求,关联性是其最重要的要素。

2. 共鸣

在进行品牌沟通时,商家不仅需要讲述品牌的理念、产品及服务,还需要沟通与消费者相关的东西,引起消费者的共鸣。

3. 创意

在上万条内容同时竞争的时代,消费者已经变得审美疲劳,只有在品牌内容中赋予不同的感觉、采用独特的视角诠释,才能吸引消费者。

4.娱乐

成功的品牌内容还需要具有娱乐性,消费者能够切实地享受到品牌带来的愉悦感,给消费者带来无约束的体验。

5.弹性

优质的内容还需要具备因地制宜的特性,根据不同的环境以及背景来满足不同消费者的需求,让每个消费者都看起来独一无二。

当今时代的行业竞争使市场细分加剧,社区营销也应运而生。如微博、淘宝、知乎等专门的领域划分中分为了兴趣社区、游戏社区、购物社区等,它比社群营销的范围更大,不仅仅因为兴趣而形成社区。

社区营销根据产品的特征来划分目标人群,社区作为一个大规模群体的聚集地,利用某个产品、活动或者话题来使大家参与进来,具有大众化、普遍化的特点。在今天,最大众化的社区非论坛贴吧莫属,这种社区已经突破了传统社区的地域限制,根据消费者对社区理念、产品等的认同而进行的划分。

总而言之,社群营销基本上是根据成员的兴趣而进行的营销活动。社会化营销具有一定的社会公益及商业目的,以整个社会这个大范围来展开的营销。社区营销也划分区域,但是范围要比社群广,不仅可以通过兴趣划分,还可以通过游戏、购物等各方面来划分。

6.6.2 社群思维疯传的六原则

在讲解社群思维六原则之前,我们先来讲述一下品牌营销的八个识别方法。

① 活动即渠道:通过活动入口打开渠道的通道建立社交,即以活动为载体,承载兴趣、爱好、利益、价值观等,打开人与人、人与企业、人与品牌连接的通路。

② 信任即入口:活动的链接可以让人与人之间产生互动和信任,基于面对面沟通,那么这个是一个入口。基于面对面沟通,让人与人之间产生互动和信任,信任是人进入活动渠道的前提。

③ 社群即社交：通过活动建立小群关系，将爱好和兴趣链接在一起建立社交。通过活动建立人的圈层，人在相似兴趣、爱好、利益、价值观的基础上，开展互动。

④ 分享即链接：小群建立后，我们的信息可以通过触点进行分享，分享到另一个受众者产生链接。激发圈层内的人开展分享邀约，链接志趣利益相符的圈外人进入圈层。

⑤ 场景即转化：通过社交场景的建立达到客户触点的转化。针对营销的类别目的建设转化场景，触达客户，激发消费行为的意愿并付诸实施。

⑥ 流量即销量：小群场景建立后将用户池反转化为流量池，达成销售转移。人即流量，圈层内的人即为有效流量，圈层社群即为有效流量池，即销量。

⑦ 认同即成交：在转化中，信任的建立是认同，认同才能达成成交目标。认同即承载兴趣、爱好、价值观等方面认知同频，认同附加利益转化即产生交易。

⑧ 口碑即品牌：在整个链条中最终的目的是口碑建立，以此达成品牌效应。口碑为口口相传的碑文，口碑即品牌，口口相传的品牌即为好品牌。

接下来，在品牌营销中，6个原则可以让你的产品向病毒一样传播。

1. 社交货币

任何一件产品，想要实现疯传就必须建立自身的社交货币。品牌经理都会在产品的包装上下功夫，促使消费者愿意成为产品品牌的传播者。因此，在疯传时，一定要打造出秘密空间，把消费者的特权以及私人渠道表现出来。稀缺性以及专用性的产品才会让消费者产生归属感，从而激发他们的传播的欲望。

与金钱激励相比，消费者最看重的还是荣誉，消费者本身就乐于去谈论所喜欢的企业或者是产品，这样做的目的仅仅是因为喜欢，而非想要得到报酬。一旦采用金钱激励，消费者在评价产品时，就失去了免费宣传的动机，宣传内容的多少会取决于支付多少金钱。

2. 诱因

诱因能够瞬间激活消费者记忆，因为，有趣并且独特的产品都具有娱乐性。在产品营销中的劝说并不是劝说消费者一定要购买某种产品，而是以此来发现产品的价值。

例如，在天气炎热的夏天，你从一个小商店经过，商店的喇叭中广播着："冰镇啤酒，3元一杯，免费续杯。"听到这样的广告，你肯定会心动。如果是冬天，商家做同样的广告，就不会吸引你，因为你不需要。

诱因非常重要，因为在一定的刺激之后，消费者会产生后续的一系列反应，商家更关注消费者对于广告信息的反应。如果消费者能立即做出反应，那么，这些广告就是有价值的。如果广告中没有诱因来提醒消费者，那么，也不会引起消费者的注意。

3.触动消费者情绪

在广告中，加入一些能够触动消费者情绪的要素，就一定可以激发他们的共享意识。例如，社群营销刚兴起时，很多人建立了各种交友群、读书群等。

某个消费者共加入了50多个群，在最初的一个星期，每个群都很活跃；一星期过后，能够保持活跃度的群只有10个左右；一个月之后，仍然保持活跃度的群只有2个、3个。这些持续具有活跃度的群都有一个特点，那就是有着共同的兴趣爱好。

触动消费者情绪的方式有很多，例如，生理触动、情绪触动都可以激发消费者的共享行为。在实际的宣传中，情绪触动是最好的方式。通过触动消费者的情绪来增加他们的共享行为。

我们都知道，锤子科技拥有很多忠诚的支持者，他们以罗永浩以及锤子科技为中心，久而久之，媒体就把这些锤子科技的粉丝称为"锤粉"，但是，罗永浩更愿意称呼他们为"锤友"，因为这是一个有着共同价值观的社群。

罗永浩在品牌营销中有着强大的号召力，他运用整合营销在MOMO直播中做了四次热身，锤子科技在发布产品时，每天都有锤友评测视频，这使锤子科技的受众范围超过了数百万人次。罗永浩可以说是一个真正意义上的大V，他的影响力非常广，甚至有人将罗永浩说过的话作为名言放在QQ或微信签名中。

在锤子手机发布时，罗永浩就开始为自己的手机营销造势，利用微博做问卷调查，引来了媒体的不断报道，使锤子手机一直都有较高的关注度。

从营销角度来讲，罗永浩是成功的，他充分释放了自身的营销优势。他包装了一个社群概念来输出价值观，以手机作为载体来把自己的价值观传播给产生共鸣的人，因此，在锤子手机的用户中也是具有相同价值观的人。

4. 公共性

公共性指的是消费者所具有的公共应用性。大多数消费者存在模仿心理，也认可少数服从多数的理念。例如，有两家商店，一家门店前的消费者非常多，甚至排起了长长的队伍；而另一家商店，消费者却是寥寥无几，这都是消费者集群效应的体现。

因此，产品以及品牌思维的公共性对于传播起着非常重要的作用。

5. 实用价值

在考虑产品的实用价值时，实惠是他们最先考虑的问题。这时，如果商家懂得对产品进行相应的价格修饰，通过限时、限量促销的方式来表现产品的稀缺性，从而达到宣传的效果。

产品所具有的实用价值，一方面是产品本身就是物美价廉；另一方面，产品在价格上没有竞争力，但是如果从价格、品牌等方面来包装产品，实现消费者心里的物美价廉也能达到宣传的效果。

6. 故事

产品中动人的故事具有更多的感染力，从而吸引消费者的注意。当然，故事不仅仅要有感染力，还需要与产品的宣传目标关联起来。因此，品牌的名称也是非常重要的，有些品牌很容易被引入到具有故事性的广告中，例如，熊猫公司就很容易打造故事性的广告。

6.6.3 大群效应向小群效应的营销改变

在传统的社群营销中，整个营销活动都围绕大的群体展开，但是，随着时代的发展，每个人的社交圈子已经发生了转变。大群已经不再适合当今时代的发展模式，取而代之的是小群。

那么，什么是小群效应呢？我们对于微信群都非常熟悉，在现代生活中，基本上每个人都参与了不少于5个的微信群。有数据调查显示，大部分的微信群在活跃了一段时间之后就会陷入沉寂，始终处于活跃状态的微信群很少。

一些与我们有关联的小群才是我们要关注的，在小群里面分享、传播产品的信息从而带来商业价值，而这些小群引发的背后价值所带来的一系列反应就是小群效应。

例如，微信读书群。2016年元旦，微信读书群新增一个功能"赠一得一"。也就是说消费者能够免费阅读这本书，但前提是他们必须把书分享给好友，好友接受之后，消费者就可以读这本书了。

这种营销逻辑采用很简单的原理：微信官方通过消费者分享书给好友的方式来使他们获得免费读书的权利，这也间接给微信读书带来了一个新用户。

再比如，全民K歌，这款产品在推广之后，官方网站通过数据分析来观察人们的录歌行为，他们PK的对象更多的是家人、朋友，而非全网的网友。这些小群能够把产品信息通过滚雪球的方式传播给更多的人，引发在社交网络中的大规模传播。

如果商家想要经营好社群，就需要找到社群的连接者，然后把社群成员分为不同的角色。比如普通人、连接者、小V、大V。普通人是社群里的大多数，而连接者在社群中发挥着重要的作用，通过传播连接更多的传播者，在社群中，需要利用连接者来实现产品的传播。

小V能够营销到局部社区的大多数成员，而大V则是社群中最具有影响力的人物。这四个角色之间不是一成不变的，可以相互转化。

例如，大V店的社群营销模式。有数据显示，2017年6月份，大V店注册用户达500万，付费用户达100万，2016年全年的交易总额突破了10亿元人民币。新用户在注册后的第二个月的复购率超过了50%，6个月之后的复购人数比例超过了30%。

为什么大V店会有如此大的魅力？因为在大V店的官网中，不仅有产品的介绍信息，还附加了专家分享的一些文章以及消费者讨论等信息。这些信息能够为消费者购买起到一个很好的推动作用。

此外，大V店还对老顾客进行了一个激励，如果老顾客邀请了一个新顾客成为店里的会员，就可以拿到一定的佣金，这样传播下去就逐渐扩大了大V店的品牌影响力。

6.6.4 社群营销离不开四个维度

社群营销离不开四个维度，具体内容如下所示。

1. 提升消费者活跃度及贡献

在社群营销中，如果能有效运营社群的核心消费者，就能够保证社群中活动用户的基数，利用核心消费者来推动普通消费者，从而使社群营销实现良性的循环。

2. 深度聆听消费者反馈

在社群营销中，最重要的就是把消费者与产品连接起来，而这个连接者就是核心消费者。因而商家需要重点维护核心消费者，积极与他们沟通，然后及时获取消费者的深度反馈。

在进行产品测试时，商家可以邀请核心消费者来参加。一方面，他们能体验产品的新功能以及新服务，享受专属的特权；另一方面，他们能够为社群提供更多有价值的反馈，从而实现产品的快速更迭换代。

3. 辅助运营

社群营销的最高境界是拿出一部分的权利让核心消费者来协助，这样既能给予消费者参与感，也能降低商家的工作量。商家通过制定一个规范合理的激励机制让消费者持续为产品宣传，不断扩大参与营销活动消费者的范围，从而培养一批忠实的消费者。

4. 传播产品的核心价值

很多时候，商家需要更改一些产品的信息，这些信息对于产品来说非常重要，但是，消费者对于产品新增的功能或者服务并不了解，所以，产品也不会引起太多的关注。这时，商家就可以通过核心消费者来传播产品的核心价值，例如，在微博或者微信中转发产品的新功能及新服务等，让更多的人看到。

6.6.5 罗辑思维何以迅速崛起

在当今时代，利用互联网平台进行营销的自媒体有很多，但是，最火爆的还属"罗辑思维"。"罗辑思维"的脱口秀节目每一期的平均点击量都达116万左右，它的微信订阅号更是在2015年就突破了一百万。甚至它还创造了2.5万铁杆粉丝自掏腰包，半天的时间就入账160万元的创举，有人为"罗辑思维"做市场估值，它的估值已经超过了1亿元。

"罗辑思维"把脱口秀节目作为主打产品，并在优酷和网易平台播出，脱口秀的主要内容是罗振宇分享自己的读书心得，对当下热门事件进行点评。在"罗辑思维"的微信订阅号中，构建了一个庞大的知识型社群，罗振宇除了每天向粉丝发送一条60秒的语音消息外，还会推荐有偿的书目让用户购买。

在平台中，还设置了会员互动专区、"领嫁妆""会来事"和"微商城"板块。此外，"罗辑思维"还充分利用现有的资源制作出了其他产品——图书和微刊，从而使资源利用达到最大化。

"罗辑思维"的用户之间形成了一个凝聚力非常强的知识型社群，它的用户主要是知识分子，并且以年轻群体居多。这类群体更加与时代接轨、有着较高的学历。他们非常认同"罗辑思维"的理念——"死磕自己，愉悦大家"，并且非常喜爱"有种、有趣、有料"的话题。

面对这样的一个群体，罗振宇把社群中成员对知识的渴望转变为粉丝面对偶像的狂热，通过社群内外的深度积极互动，形成了一个知名的知识型社群品牌。

那么，"罗辑思维"采用的是什么样的社群营销模式呢？它以社群用户为中心，开展一系列的网状营销策略，这些策略包括创立之初的联盟分单、品牌定位及魅力整体、跨平台延伸产品形态、互动O2O模式。

1. 联盟分单

自媒体具有联盟分单的优势，在"罗辑思维"的创始人中，罗振宇利用他个人的人格魅力以及知识储备主要负责平台产品的内容制作，申音则主要负责产品的运营及推广，通过这种"作者+经纪人"的自主运营模式，实现了完美分工。

2. 品牌定位及魅力整体

"罗辑思维"之所以能够获得用户的喜爱，最主要的原因就是它的品牌定位、受众定位、产品定位和个性化定位都非常精准，能够洞悉知识型社群的特点，从用户的需求出发来制定产品。

"罗辑思维"的成功还离不开罗振宇的个人魅力，但是，他能够长远发展的原因还是在其背后社群中由众多个体形成的魅力整体。

3. 跨平台延伸产品形态

"罗辑思维"把产品形态从最初的脱口秀视频逐渐扩展到内容丰富的视频、语音和书籍、微刊等一系列产品，并且它的传播渠道是呈网状分布的，这种渠道跨越了传统媒体与新媒体等多个平台，把内容资源和媒介资源有效整合在一起。

"罗辑思维"在各大平台中反复传播它的品牌核心价值理念，这引起了用户的广泛关注，扩大了受众范围，形成了传播力量，实现传播效果的最大化。

4. 互动O2O模式

"罗辑思维"一开始创立会员付费模式，名额就会被快速抢空。会员付费制度是粉丝与"罗辑思维"之间进行一系列O2O互动的前提。它的创始人熟知互联网思维，非常注重用户体验，紧密结合了社群用户在线上及线下的互动。例如，"罗辑思维"推出了创作罗振宇漫画的粉丝互动活动，并在粉丝中进行投票，然后选出最受欢迎的漫画作品，给予奖励。

在社群外部还衍生出了子社群，例如，"罗辑思维北京朋友圈""罗辑思维广州朋友圈"等。在子社群中，粉丝们能够充分地进行线上交流，从而提升粉丝对社群价值观的认同感。在"罗辑思维"微信订阅号中，还单独开设了会员互动专区、"会来事"和"领嫁妆"板块，不仅能够为会员提供周到的服务，还能充分地整合会员资源，加深与会员之间的互动，稳定关系。

第7章
如何写出优秀的营销文案

品牌营销：新零售时代品牌运营

在新零售时代的品牌营销中,商家想要吸引消费者的注意,离不开优秀的品牌营销文案。一个优秀的营销文案可以从情感以及心理上打动消费者,从而给商家带来巨大的价值利益。然而如今各式各样的推广信息可谓是铺天盖地,如何在信息的海洋中打造出一篇令人眼前一亮的营销文案呢?本章将对如何写出优秀营销文案的方法和技巧做具体阐述。

7.1 好文案能带来真金白银

2017年9月,红星二锅头推出了一组文案,主题为"没有酒,说不出好故事",把目标定位为北漂族,引起了这一群体的共鸣,也在社会中产生了强烈的反响,红星二锅头的销售量迅速提升。

如今的互联网时代,充斥着太多令人眼花缭乱的信息,商品的广告也是无处不在,消费者的注意力被极大地分散,如何才能在这种状况下吸引消费者的注意呢?

答案无疑是一个优秀的文案,一个抓人眼球的文案不仅能够吸引住消费者的眼光,给产品以及品牌带来曝光度,还能够提升消费者对产品的认知,使其更好地理解品牌文化和内涵,这样转化率自然会提升。在互联网时代,一篇好的文案甚至已经和产品本身同样重要。

7.1.1 小文案大作用

文案经常被品牌商所忽略,其实文案的作用不容小觑,好的文案能够给产品增添色彩,扩大产品的知名度,给消费者留下深刻的印象。创作文案时,需要深入地了解产品,要对产品的卖点深入研究。一个好的文案能够确定产品的风格,让产品在一众同质化的产品当中脱颖而出,成为爆款。

文案直接关系到运营的效率和美工的设计。掌握用户的心理需求、结合产品的卖点写出来的文案往往能够直击消费者的内心,将这样的文案交给设计部和运营组,才能够以最快的速度完成产品页面的设计,并做好运营的整体规划,将产品推成爆款。反之,如果文案没有将产品的卖点和消费者的需求导向展现出来,设计组在做页面的设计的时候也会因为文案没有突出的风格和导购性而反复修改,运营组也无法做出直击人心的营销。总结来说,好的文案能够将产品的运营、设计、客服等各个环节良性衔接起来。

好的文案并不是对产品极尽夸赞之能事,也不是让并不惊人眼球的促销文案铺天盖地,而是应该在产品的实际卖点上虚实结合,最重要的是要直击消费者的内心,让消费者从文案中看到产品的特性,并了解能够为他们带来什么,让消费者能够被文案吸引并认同产品的价值,这才是好的文案,才是会对产品的营销起到大作用的文案。

7.1.2 文案所必须包含的几种元素

通常情况下,文案必须包涵四个元素,即标题、正文、广告口号和广告随文,如图7-1所示。

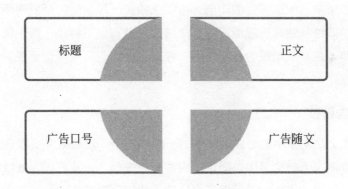

图7-1 文案包涵4大元素

1. 标题

一篇好的文案标题一定是十分吸睛的,能够吸引消费者的注意,让消费者想要一探究竟,将其引向广告的正文,从而达到产品广而告之的目的。因为身处碎片化时代,网络上充斥着大量的信息,消费者浏览这些信息时,通常只是看文章的标题,据一项调查显示,只看标题的人比阅读正文的人平均多2~4倍。所以,一篇文案的标题是至关重要的,品牌商在做文案推广时,一定要突出标题，将消费者的注意力由标题引向正文。

具体的方法有：将广告文案的标题放到最醒目的位置；表现广告主题，展现显而易见、清晰无误的利益与承诺；新颖奇特，引起受众的注意。

2.正文

标题之后就是正文，正文是广告文案的主体，正文是对产品信息和销售信息的全面介绍，是对文案标题的一种深度解读和详细阐释。在文案的正文中，一定要利用各种技巧来突破消费者的心理，比如精准地传达出品牌、产品和服务的信息，让消费者在阅读正文的时候能够对品牌和产品有充分的了解，让消费者觉得这正是他们所需要的产品和服务，从而引起消费者的购买欲望。

3.广告口号

广告口号是广告的中心，也被称为广告标语。一个好的广告口号在一个广告文案中能够起到画龙点睛的作用。广告口号能够加强消费者对品牌商、产品和商家能够带来的附加服务的印象，可以在较长一段时间内反复使用，集中体现出广告阶段性战略。一般情况下，广告口号具有以下特征：集中体现广告的阶段性战略；在某一阶段内长期使用一种口号性语句、一两句话表达一个完整的广告主题。

4.广告随文

广告随文是文案中的附属性文字。一般情况下，广告随文会附在正文的后面，大多数情况下随文是比较固定的内容，用来传达企业名称、地址或联系方法等内容，并对广告正文进行相应的补充。广告随文的内容通常包括品牌、企业名称和标志、企业地址、联系人、联系方法、购买商品或获取服务的方法、特殊标志、特殊需要说明的内容和附加的表格。

7.1.3 创作一篇优质文案的6个诀窍

在进行品牌营销时，有时一篇优质的文案就能发挥巨大的作用，例如，农夫山泉文案中的经典内容"我们不生产水，我们是大自然的搬运工，农夫山泉有点甜",这个文案一方面体现农夫山泉水的纯净澄澈,另一方面以搬运工的形象自居,更让消费者信赖,还能更进一步佐证农夫山泉就是"甜"的。

农夫山泉正是因为这句朴素的文案,快速提升了市场占有率,之后农夫山泉一直沿用"大自然的搬运工,农夫山泉有点甜"这个主题,进一步加深了消费者对农夫山泉品牌的认知,进而提升了农夫山泉品牌的知名度,同时也加深了农夫山泉品牌的美誉度、和谐度。

那么如何才能创作出一篇优质的文案呢?下面向大家介绍6个在文案中常用的词汇,如图7-2所示。

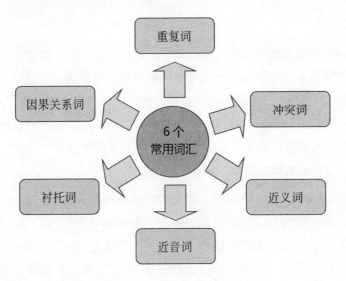

图7-2　文案中6个常用词汇

1. 重复词

应用重复词也是文案的写作诀窍之一。很多品牌商正是应用了这个套路才成就了经典的文案,比如奔驰"经典需要时间,经典藐视时间"这句广告语中,将"经典"和"时间"两个词组合两次,突出奔驰车悠久的历史,值得信赖;我国台湾全联广告"长得漂亮是本钱,花得漂亮是本钱","漂亮"在文案中反复出现两次,可加深消费者的印象,比较容易被消费者记住;沃尔沃"别赶路,去感受路"的文案……应用重复词的文案都会对消费者造成冲击,加深印象。

2. 冲突词

冲突词也有着吸引人的魅力，在文案创作中如果运用得当，也能够发挥超乎想象的作用。比如某高端地产推出"没有CEO，只有邻居"的文案，"CEO"和"邻居"原本是两个截然不同的词汇，其中"CEO"一般指公司的老板，给人一种高冷的感觉；"邻居"更像是邻家朋友，给人一种亲近感。该地产商把"CEO"和"邻居"这两个具有"冲突感"的词组合在一起，言外之意就是向消费者传递"CEO给你当邻居"的信息，进而提升了楼盘的档次。

3. 近义词

近义词的运用成就了很多经典的文案。将近义词放在文案中，在文案中形成反差，使消费者印象深刻。比如著名的车品牌别克君越，在其"不喧哗，自有声"的系列文案中，"喧哗"和"有声"两个词的共同点是都有"声音"，而"喧哗"中必然会"有声"，但"有声"却未必"喧哗"。"不喧哗，自有声"的文案内容除了强调了"喧哗"和"有声"的区别，同时还巧妙地彰显了别克君越"低调而又掷地有声"的目标消费群体的形象。

巧用近义词的手法在很多的品牌商的文案中都运用过。比如天猫的文案，"没人上街，不一定没人逛街"。在更多的消费者看来，"上街"和"逛街"其实是一个意思，以前大家都会认为"不上街，怎么逛街？"。但是，电商平台的出现，消费者可以"不用上街，也可以逛街"，于是，天猫就推出了"有了天猫超市，不用上街，也可以逛街！"的文案，该文案巧妙地运用了"上街"和"逛街"这两个近义词，彰显了天猫电商平台的特性。文案中运用两个近义词十分新颖地传达出天猫的价值，在强调两个词有区别的同时，还让消费者对天猫印象深刻。

4. 近音词

近音词和我们平时比较熟悉的"顺口溜"有着相似之处。虽然会有很多的品牌商认为这个套路并不高端，但是这个套路也成就了很多的好文案。比如江小白的"青春不朽，喝杯小酒"，金茅台的"贵人来，金茅台"。运用近音词的这种做法可以帮助很多品牌商打造出一个好的文案。但是，在运用近音词时，所选的词应该与品牌或产品有关联，不能生硬套用。最好使用近音词组成顺口溜，读起来朗朗上口，才更容易获得传播。

5. 衬托词

在描述产品卖点时，可以使用衬托词。比如宾利跑车有一则文案"即使王者出巡，也未曾以800匹骏马相随"，这句文案是为了突出宾利跑车"800匹马力"，用"王者出巡"衬托"800匹马力"，这样的用词可以给人带来超凡的体验，突出宾利跑车在马力方面的优势。可见，用合适的衬托词描述产品的卖点，能够让消费者更直接地了解产品的优点，进而激发消费者的购买冲动。

6. 因果关系词

因果关系词的应用同样成就了很多的文案。很多经典案例就是利用词汇之间的因果关系，使用因果关系词而成为经典的文案案例。比如红星二锅头"有兄弟，才有阵营"文案中，原因是有"兄弟"，结果是组成了"阵营"，红星二锅头强调"兄弟"的重要性，兄弟朋友一起喝酒，兄弟情谊全在酒里，酒与朋友能很容易联想到一起，这类文案也比较容易吸引消费者。

7.2 常见文案类型及相应写作技巧

在当今时代，商家经常采用的文案类型主要有：宣传广告文案、产品文案、单页宣传品、宣传手册、产品说明书、各类软文等。下面会详细介绍这几种文案及相应的写作技巧。

7.2.1 宣传广告文案

好的宣传广告文案能够打动消费者的内心，赢得消费者青睐。它由广告标题、广告正文、广告词以及随文组成，如图7-3所示。作为广告内容的文字化表现形式，它和广告中的图案同样重要。

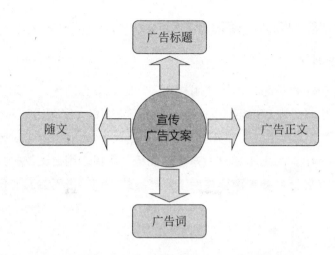

图7-3 宣传广告文案4大组成部分

1. 广告标题

广告标题是整个宣传广告文案的主题，是整个内容的重点，涵盖了内容的中心大义。标题最主要的目的就是吸引消费者的注意，让消费者对品牌留下深刻印象，从而引起兴趣。只有人们对标题感兴趣，才会去看广告的内容。

通常情况下，宣传广告的标题设计主要有情报式、问答式、新闻式、口号式等几种类型。因此，在写标题时，一定要注意语言的简单凝练，新颖个性，字数一般控制在12字以内即可。

2. 广告正文

这一部分是对品牌产品的客观描述，增加消费者的了解。在写作时需要实事求是，叙述主要的信息，言简意赅。

3. 广告词

广告词作为战略性语言，最主要的目的就是让消费者了解产品的特点。常用的广告词形式有联想式、推理式、命令式等。

4. 随文

这一部分是广告的附加内容，主要是传达购买产品或者接受服务的方法等。它作为必要的附加说明，一般都放在宣传广告文案的最后部分。

例如,西江贡米酒的宣传广告文案内容如下。

(1)广告标题:天下美酒万千众,最美不过西江贡!

(2)广告词:要养生,也要时尚

(3)广告正文:入口,醇厚温软,齿颊生香;

入腹,温胃行气,香气满怀。

养胃、养心、养生。

加可乐,法国轩尼诗的味道;

加雪碧,英式白兰地的口感;

优雅、个性、时尚。

(4)广告随文:公司名称:通化鸿运西江贡酒业有限公司

公司类型:生产型

主营行业:酒类

公司所在地:吉林通化

在写宣传广告文案时,还需要注意以下3点。

① 撰写人一定要熟悉产品以及市场情况,把这些资料用20～30个字进行描述。其中,这些字中一定要包括产品的特点、功能、目标群体等方面的内容。

② 面向消费者的承诺也很重要,这是消费者信任产品的前提。

③ 广告需要有一个核心的创意,可以延伸成系列广告,并且是原创的。

宣传广告文案作为广告的整体构思,语言的使用一定要优美、流畅、新颖,使其很容易被消费者记住,彰显出广告的主题以及创意,从而产生良好的宣传效果。

7.2.2 产品方案

一份完整的产品方案主要包括引言、产品介绍、运行原理、业务模式、制作规范、产品包装、市场推广建议、效益预测分析、结束语。

产品方案也可以说是一个产品的战略,通过运用产品的组合以及开发策略来规划产品的运行模式,从未谋求最大的利润空间。产品方案是需要根据产品生命周期的各个阶段制定适应性的战略。

在产品方案中,需要遵循一定的原则,如图7-4所示。

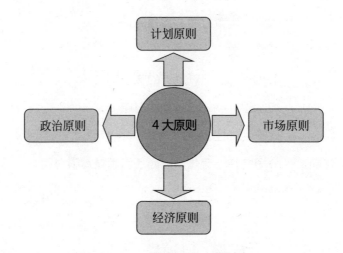

图7-4 产品方案内容遵循原则

① 计划原则:产品的生产规模需要符合地区的总体规划,避免出现生产过多或者不足的现象。

② 市场原则:生产的产品必须符合市场规律,能够满足国民经济以及消费者的需求,甚至是世界市场的需要,从而为产品赢得可持续且可靠的发展市场。

③ 经济原则:产品的经济模式要合理,能够赢得良好的经济效益以及社会效益。

④ 政治原则:方案必须要在国家的大政方针内,来制定整体以及区域的产品发展计划。

另外,在写产品方案时,还需要包括以下几个部分的内容。

① 引言:引言需要描述生产该产品的消费者需求、市场需求以及市场前景等具有概述性的问题。

② 产品介绍:产品的介绍是对产品的性能、特点、与其他同类产品比较的

优势等简单内容。

③ 运作原理：运作原理需要详细介绍产品各个模块的方法以及原理。

④ 业务模式：业务模式需要展现出产品的业务流程图、相关业务的应对内容、业务菜单等。

⑤ 制作规范：制作规范指的是产品在整个技术实现的过程中应该达到的相应指标细节。

⑥ 产品包装市场推广建议：产品包装市场推广建议的内容包括产品的资费模式建议、消费者的具体操作流程、奖品设置、与合作方的合作方式建议、产品推广的后续服务内容建议等。

⑦ 效益预测分析：产品在营销时的效益预测分析，主要包括产品的相关基础数据及原理、成本投入分析、收益分析、效益预测分析等。

⑧ 结束语。

7.2.3 宣传单页

通常情况下，节假日是做宣传单页最好的时间，宣传单页也是商家促销的重要方式。宣传单页的目的就是促进产品营销的最大化，提升业绩水平；稳定老顾客并吸引新的顾客，增加客流量；介绍新产品，重点推广产品从而稳定消费群。

在宣传单页中，一般包括主题、图案以及设计。宣传主题要通俗易懂，并且具有清晰的节奏感；图案要具有视觉冲击，内容要与图案相结合，符合整个宣传的主题；此外，要注意区分主要推广产品以及次要产品，不要进行笼统性的广告，还要明显地标示出价格。

不管是线上网店还是线下实体店，店名、店址、电话号码等也需要标记在宣传单页中，这样才能让消费者牢牢记住。

宣传单页与传统的广告媒体不同，它能够有针对性地选择目标群体，从而减少资源的浪费；通过对目标群体直接发送广告，使广告更容易被消费者接受；一对一地直接发送，能够促进广告效果的最大化。

如何使宣传单页更加吸引消费者呢？

你需要把产品放在页面中最明显的位置，让消费者一眼就能看到。产品的图片一定要清晰，最好放置实物图片，适当时，可以给产品增加一些特效，使产品更加具有冲击力。在新零售时代，消费者更喜欢体验新的产品，因此，产品的标题需要符合消费者的口味，从消费者的角度出发来进行设计。

总之，一定要打出口号，突出活动的主题，同时增加一些能够吸引消费者注意的内容，比如日历、十二生肖等。如果想要提升宣传页的价值，降低被扔掉的可能性，商家可以在宣传单页中附带现金券。

7.2.4 宣传手册

每本产品宣传手册的内容会根据营销环境、产品、服务或企业的不同而设置不同的内容，但是，宣传册的整体架构都是相类似的，宣传手册中一般会包括如下内容。

1.产品介绍

在产品介绍部分，需要简单描述出产品的主要性能、特点以及该产品引起消费者兴趣的地方。

2.产品效益

在产品效益部分，需要列出该产品会产生怎样的效益以及消费者会购买该产品的理由。

3.产品特色

在产品特色部分，需要展现出与别的产品相比，该产品的不同之处以及区别与同类产品的重要特色。

4.产品运作

在产品如何运作的部分，需要简单介绍产品是如何运作的，能够为顾客带来什么，从而展示产品的优越性。

5. 消费者类型

在消费者类型部分，需要描述产品已经准确定位的目标群体市场。

6. 产品应用

在产品的应用部分，需要描述产品是可以应用于哪些方面的。

7. 产品选择

在产品的选择部分，需要罗列出产品的款式、尺寸、材质、配件等消费者在购买时能够查到的具体条件。这个部分加入产品的相关图标、图解等，从而使消费者更加清晰地了解产品。

8. 产品价格

在产品的价格信息部分，需要标明配件价格、各种款式及尺寸产品的价格等。价目表一般印在单独的纸上，然后夹到宣传手册中，以防止因价格变动而造成的整本宣传册都需要重印的麻烦。

9. 产品规格

在产品的规格明细中，一般包括产品的适应温度、操作方式、使用方式、注意事项、保质期等。

10. 产品问答

在问与答部分，需要针对关于产品的常见问题进行回答，以及其他部分没有涉及的信息。

11. 公司介绍

在公司介绍部分，需要简单介绍公司的发展历史，让消费者更加清楚地了解产品的稳定性，且不必担心公司的运营情况。

12. 售后服务

在售后服务部分，主要叙述关于产品的组装、维护以及产品保证等信息。

以上是关于产品的宣传手册中应该包括的几部分，当然，这仅仅是最普遍的架构，具体的宣传手册还需要根据具体的情况来决定。

7.2.5 产品说明书

产品说明书是以文体的方式,对某产品的结构、功能与界面等特性进行的详细表述。它一方面作为产品基线,通过全面、准确地说明产品现状,为产品的后续开发提供标准与参考;另一方面,也能帮助新人或对业务不了解的人快速了解或查证产品的业务。那么该如何写好产品说明书呢?

1. 对产品的功能分类汇总

产品说明书应该对产品具有的各个功能进行分类。并且在分类汇总后还要对各个功能的部分加以描述。这样做的好处如下所述。

① 对产品的功能分类汇总有助于企业与消费者从整体上把握产品的业务。

② 将性质相同、具有内在联系的业务放在一起,能更有利于作者理解与挖掘业务之间的潜在联系。

③ 通过分类汇总,而不是简单的堆积罗列,能更有利于企业安排与组织文档的结构。

2. 保持文档的一致性

保持文档的一致性是产品说明书必备的要素之一,这样能够使文档的内容表述更加准确与清晰。具体来讲,保持文档的一致性主要包含四个方面,如图7-5所示。

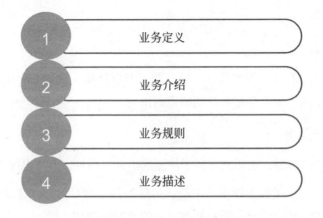

图7-5 保持文档一致性的4个方面

3. 校对与修改的及时性

在产品说明书初版完成以后，作者需要对文档进行校对与修改。对文档的校对包括两方面：一方面，文档内容的校对可通过与产品相关的各业务人员进行，通过熟悉产品的人的一并校对，可保证产品说明书的内容准确无误，不出现大的偏差；另一方面，写作语法与表述上的校对在写作其他语种（如英语）的产品说明书时，不可或缺。

通过校对与修改，能使文档内容更加准确、表述更为清晰与流畅，从而初步实现产品说明书的基本目标。经过多次的校对与修改，可形成产品说明书较为稳定的版本。

4. 持续的更新

保持产品说明书的持续更新是应该具有的态度。因为产品会不断保持更新。作为产品的详细表述的文档，产品说明书的更新也应该随产品的更新而持续地进行。至于更新的步骤和方法，应该根据上述三点的步骤，对产品进行分类汇总、保持文档的一致性并及时对产品的说明书进行校对和修改。

7.2.6 各类软文

软文是一种隐性广告，其本质在于产品的营销和品牌的推广，不过软文营销属于隐蔽式的广告。与硬性广告相比，软文主要讲究的是个"软"字，软文的中心词语是文章，只不过是带有软性植入广告的文章，甚至是原创性质的文章，而广告只是植入到内容里而已。

所以，用户能够被不知不觉地带入营销的圈子中，如果把"营销"两个字去掉，这就是一篇优秀的文章，无论是用户体验还是软文本身的阅读性都很强。因此，软文既不会像标题党一样让人避而远之，也不会像叫卖式的低级广告那样让人麻木，软文不但能让读者喜欢，而且充满内涵。

在软文的内容形式上，软文既可以采用文字模式，也可以经由口头传播，是基于特定产品的概念诉求和问题分析，借助文字表达与舆论传播，有针对性地对受众进行心理引导，让用户认同企业的某种概念、观点、分析思路，最终实现宣传推广的目的。因此，软文的精髓是企业的软性渗透策略。软文营销的主要形式有以下7种，如图7-6所示。

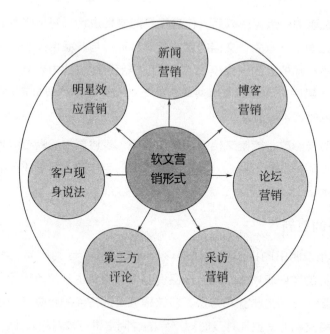

图7-6　软文营销的主要形式

软文的本质是广告，具有不可回避的商业属性，同时也是营销活动中的一个环节，只不过采取比广告更软性、更令人接受的路线，发挥推广产品的作用。因此，无论如何进行软文的策划和实施，最终都必须以宣传产品为目的，而不是卖弄文笔，这样才能达到相应的效果，否则就是一篇失败的软文。

软文有两个构成要素，一是"软"，二是"文"，所以，软文有一定的伪装形式，以各种不同来源的文字资源作为手段，包括新闻资讯，明星或使用者的经验心得和技巧分享，企业的管理思想和方法，企业文化，行业领军人物，行业热点事件和大型活动等，评论、包含产品或品牌元素的游戏等一切文字资源，使受众"眼软"。

软文的最主要目的是能让受众的眼光停留、徘徊，这样才有机会影响受众。所以，软文的语言文字应该以读者，尤其是目标受众所关心的东西为入手点，同时照顾其阅读能力与理解能力，尽可能浅显易懂、形象生动，而又贴近生活，让受众读起来能够产生共鸣。

软文也是文章，不过软文带有一定的目的，即达成销售目的，如果为了卖弄文笔而写成了散文、诗歌等格式，尽管能够展现出作者的文笔功底，呈现出优美的辞藻。但是，这种脱离了生活的软文，只能是高处不胜寒，得不到受众的反馈，自然不能达到带动产品销售的目的。特别是网络软文，语言文字最好是越通俗越好，再加上最新最热的网络语言，很容易得到受众的注意和追捧，成为耳熟能详的文案。

总之，软文写作的技巧有很多，最主要的软文要有力量，并且能够打动你的目标消费群。没有力量的软文等于零，所以软文质量好，就不需要大量发布，一篇软文就能有千军万马的力量。不过一篇成功的软文不止内容本身要高质量，还要有推广渠道、环境等要素的加持。

7.3 借助IP与品牌玩转联合营销

在互联网时代，年轻人成为消费的中坚力量，品牌商为了更好地迎合年轻消费者的需求和喜好，将营销的手法转移到IP领域。IP是特定圈层人群认可的文化符号和情感纽带，用IP作为营销杠杆，一定能够迅速地拉近与消费者之间的距离，事半功倍地撬动口碑传播。

借助IP进行营销是品牌商跨领域整合资源的表现，品牌商利用强大的IP资源，能够挖掘出隐藏在综艺节目、电视剧、电影等之中的庞大消费群体。品牌商能够与IP资源巧妙结合，因为粉丝追随强大的IP，必能为品牌吸引庞大的粉丝族群簇拥，就能够在很大程度上扩大品牌和产品的影响力和曝光度，将年轻的消费群体收入到品牌旗下。

但是，借助IP进行营销需要考虑的因素也有很多，比如IP的粉丝是否与目标消费者有重叠？是小众IP还是大众文化IP？IP蕴含的价值观与品牌气质是否契合？IP的版权是否清晰？那么，品牌商应该如何借助IP与品牌玩转联合营销呢？

7.3.1 明确品牌定位，品牌理念与IP要契合

品牌在寻找合作的IP时，一定要明确自身品牌的定位，明确目前品牌发展

的现状和问题,以及联合IP营销后要达到怎样的目标,这些都是需要品牌商在前期就思考和规划好的,在明确了品牌定位的基础之上,才能选择合适的IP硬性品牌营销推广。

比方说,一个养生品牌主要的目标消费者是中老年人,如果品牌选择了与一个二次元的IP合作,就是资源的浪费,目标消费者根本不会买账,还会因此败坏品牌的调性。所以,找到和自己的品牌理念和内涵都契合的IP进行合作,才是营销成功的前提。

国内的品牌商们在认识到IP的价值后,纷纷展开了IP营销的探索,在这些合作中,有很多IP的理念和内涵都与品牌契合度很高的案例,比如去年八月份,江小白与超级IP同道大叔的合作,本书5.3.4节已经做了介绍。

7.3.2 摆脱"无聊生硬"植入,以创意吸引观众

很多品牌商在利用IP进行营销时,会出现生搬硬套的现象,这种直接将IP植入到品牌中的方式已经非常落伍了,而且会让消费者越来越无感,对品牌的创新能力也失去了信心。品牌商在选择IP联合营销时,应该摆脱生搬硬套的植入方式,从全新的角度来思考IP,以更加创意的方式将IP与品牌的内涵更好地结合起来,让消费者感受到品牌的创新性,对品牌建立深刻的印象。呷哺呷哺与轻松熊的合作摆脱了生硬的广告植入,用极具创意的方式吸引了不少的消费者,那么呷哺呷哺又是怎样做的呢?

在2017年的8月,呷哺呷哺在微信和微博上宣布与轻松熊合作,组成萌系CP,在8月26日,上线了一款定制款萌系盘子,在呷哺呷哺的店里也能够看见轻松熊人偶的身影,来呷哺呷哺店内的消费者都能够与人偶合影和拥抱,萌翻了一大波消费者。

呷哺呷哺为什么会选择轻松熊这一IP呢?因为轻松熊也是非常有人气的IP玩偶萌宠,外观可爱憨厚,在国内拥有着大批的粉丝,尤其是年轻一族更是对这一IP萌宠情有独钟。年轻化也是呷哺呷哺的特色之一,在刚刚开店时,呷哺呷哺的宗旨就是面向年轻消费者,打造出在年轻群体中最具人气的火锅。这次选择萌系IP轻松熊作为创新营销的手法,更加吸引了年轻消费者的眼球,打造出"火锅×萌宠"的"治愈萌"IP组合,创意十足。

而且当消费者选择去吃火锅的时候，都是基于一种寻求放松的心境。轻松熊是外表非常治愈系的萌宠，能够让人在感受其可爱的同时暂时忘记烦恼，这与呷哺呷哺的场景属性非常匹配。再加上轻松熊和呷哺呷哺的核心受众都是年轻群体，两者的完美契合，让呷哺呷哺更加具象化地表达品牌内涵的同时，还让消费者对门店增添了一份情感，在此基础上实现精准的营销。

此次，CP组合围绕年轻消费者喜爱的"萌文化"打出了一系列组合拳，萌翻广大的年轻消费者。主要包括：进店顾客可以与轻松熊合照、将合照分享到社交平台可以获赠礼品、消费可以换购轻松熊定制萌盘等多种方式。这些互动形式在线上线下共同开展，活动延续的时间也较长，一直从情人节延续到了9月份的开学季。

品牌商在进行IP跨界营销的时候，要进行详尽的策划，不管是内容的制造、互动的形式，还是媒体的传播、传播时机的选择都需要精心的安排。呷哺呷哺这次IP营销成功的关键也应该归功于策划和准备。呷哺呷哺选取了其核心受众喜欢的方式——拍照进行传播，在微博上发起有奖晒照的活动，掀起朋友圈的传播扩散热潮，将线上的客户引流到线下门店。然后通过让顾客参与门店中的轻松小熊萌盘换购、合影互动等活动，将传播扩散的热潮更深一步，从而使这场IP跨界营销的热度持续升温。

近年来，IP跨界营销层出不穷，呷哺呷哺在已经遍地开花的IP营销中脱颖而出，成为佼佼者，除了其对轻松熊这一IP的精准选择和充分利用，还得益于创新的尝试及成熟的跨界运作。品牌商在选择IP进行联合营销时，不但要精准地选择IP，还要创新运用营销的形式，摆脱"无聊生硬"的植入，真正做到用创意来吸引消费者。

7.3.3 内容为王，让品牌与IP在内容上建立强关联

很多的品牌商都已经有IP营销的经验，也能够深刻地感受到，只有把内容做好，才能够在泛滥的IP营销中脱颖而出。品牌商在做IP营销时，要从内容上与IP建立起强有力的联系，而不是只注重表面效益的浅层次IP营销。只有真正地将强有力的内容与IP相结合，才能够给消费者深刻的体验和不一样的感官认识。在这种状态下，品牌商的商业效益自然是水到渠成的。

品牌商选择与综艺IP平台合作,通过冠名节目来提升品牌的认知度也是IP营销的手法之一。但是这需要品牌商在选择合作平台的时候慎重一些,在内容为王的IP营销中,单纯的冠名、捆绑节目已经变得得不偿失,只有让品牌与冠名的IP节目平台建立起强联系才能向消费者传递出品牌的理念,打造出品牌的口碑。

在看过很多的品牌商冠名不同的节目之后,有一个品牌在IP综艺节目平台的选择上非常成功,那就是六个核桃。六个核桃是植物蛋白饮料行业的领导品牌,其品牌的定位是补充大脑营养的益智类饮料。基于对自身品牌定位的清晰,在选择IP平台上,侧重于合作知名度高、粉丝基数大,且与自身的品牌理念相契合的综艺节目。六个核桃通过数据分析,结合消费者的需求,重点选择了央视以及一线卫视平台的综艺IP合作,根据自身品牌的定位冠名与品牌诉求契合度较高的益智类综艺节目IP。

六个核桃选择与益智类IP节目建立起了强关联,将品牌的理念植入到所冠名的节目当中,比如江苏卫视的《最强大脑》、湖南卫视的《好好学吧》、央视的《挑战不可能》、东方卫视的《诗书中华》等。六个核桃凭借在这些益智类节目中的高频次出现,对产品的内涵做出了衍生创意,让"经常动脑,多喝六个核桃"的产品主张深入人心,很好地传达了品牌的理念,强化了电视节目受众对这一品牌的认知,将综艺IP的粉丝受众转化为了品牌的消费群体,促进了销售的增长。

六个核桃根据消费形式把握住当下IP营销的时机,而且不随波逐流,在选择合作的IP平台上,变革了传统的生搬硬套的冠名方式,以内容为王,选择符合品牌理念的益智类节目IP冠名,将产品的内涵深度植入,与节目合二为一,向广大IP粉丝展示了六个核桃智慧型企业的形象,促进了粉丝受众的转化,拉动品牌产品销量的增长。

在产品高度同质化的竞争环境中,品牌商冠名综艺IP的营销手段已经不再新鲜,在碎片化的时代,受众的注意力被大幅稀释,品牌商如果只是选择热门综艺IP加以冠名,而不注重在内容上与IP建立起强联系,就会被受众所忽视,造成营销成本投入的浪费。

在未来的IP营销中,还会出现多种形式的营销手法,但是都要以内容为王,前期在IP的选择上,要能够与品牌的理念建立联系,后期在IP营销的运作中,要让IP产生更多的内容,反哺品牌和产品,建立起更强的联系,从而更加清晰地传达品牌的内涵。

7.3.4　谷粒多+吾皇万睡:让剁手党们唤醒品牌调性

2016年有一个IP营销的案例让业界津津乐道,这个案例的奇妙之处就在于其让剁手党唤醒了品牌调性,它就是谷粒多与吾皇万睡的合作。谷粒多是牛奶饮品品牌,随着同质化产品的冲击,谷粒多的影响力一直呈现下滑的态势,为了改变这一现状,谷粒多选择了IP营销的手法来提升品牌的影响力。于是就出现了谷粒多+吾皇万睡的组合形式,借助吾皇万睡的IP进行联合营销。

谷粒多并没有像其他的牛奶品牌一样选择明星作为代言,而是选择一款猫咪作为其"品牌代言"。那么谷粒多为什么会选择吾皇万睡呢?吾皇万睡是以魔性卖萌而走红的网红IP,这只胖墩墩的猫是由漫画家白茶所创作。和以往猫咪给人的卖萌形象不同,吾皇万睡的性格是傲娇霸气的,凭借像"皇帝"一般的主子心态和频出的金句收获了一大波粉丝,比如"作为一只喵,如果没有自己傲娇的原则,那跟狗还有什么区别""你腿长你欧巴,我腿粗我老大。""我就喜欢你看不惯我又干不掉我的样子"等。

在"淘宝原创十大IP"的评选中,吾皇万睡高居人气榜,一系列的周边产品都备受网友的推崇,是剁手党的最爱。谷粒多选择与吾皇万睡合作也是基于其强大的人气和受众基础。一方面可以整合IP粉丝资源,通过营销活动提升品牌销量,而另一方面可以对品牌进行年轻化改造。吾皇万睡的粉丝集中在年轻互联网消费者群体中,这一群体正崛起为中国消费市场的新兴力量,同时他们更加追求个性化、创意化的生活,因此谷粒多选择与在年轻人中具有影响力的吾皇万睡IP合作不失为一个好策略。

那么谷粒多借助吾皇万睡IP进行联合营销的途径都有哪些呢?其常用途径如图7-7所示。

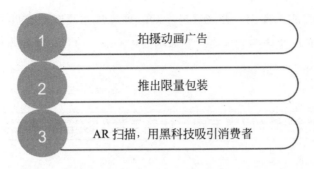

图7-7 IP联合营销的常用途径

1.拍摄动画广告

第一个营销的途径就是拍摄动画广告。动画的内容都是受众们熟悉并喜欢的经典故事，比如《西游记》《美人鱼》等，只是在此基础之上进行改编，变成一系列的动画广告。迎合了核心受众所喜爱的内容，用冷幽默的方式呈现出来。在这一系列的动画中，分别由霸气的吾皇猫和小跟班巴扎黑扮演其中的经典角色。

吾皇猫扮演的角色更加主动霸气一点，比如至尊宝、孙悟空和王子等，而小跟班巴扎黑继续保持了本性，扮演弱化一些的紫霞仙子、唐三藏和白雪公主等，在动画广告中，运用各种场景植入谷粒多。这则动画广告取得了很高的关注度，仅仅上线3天，播放量就超过204万；微信推送的2小时内，文章阅读量就冲破10万。

2.推出限量包装

第二个营销的途径就是推出限量包装。谷粒多发掘出吾皇万睡的IP价值，在了解到其周边产品在淘宝上备受追捧的属性之后，就推出了限量款的吾皇万睡包装，在天猫和线下超市亮相。这个营销创意非常成功，印有吾皇万睡的谷粒多纪念装在天猫超市仅仅亮相了三天，就被网友迅速抢购一空。由此可见吾皇万睡的IP价值。

3.AR扫描，用黑科技吸引消费者

除了上述的拍动画片和推出吾皇限量包装的营销手法，谷粒多还采用了支付宝AR扫描包装的方式吸引消费者的注意力。消费者只需要打开手机支付宝

APP，使用AR识别扫描任意谷粒多logo，就可以独家欣赏吾皇大电影番外篇。虽然这种营销的手法已经不再新颖，但作为一个牛奶品牌来说这次尝试还是取得了很大的突破。

7.4 那些靠文案起家并大火的品牌

好的文案能增强品牌的影响力，吸引更多消费者的青睐。在生活中，我们会看到很多因为文案而大火起来的品牌，例如，New Blance品牌、没希望酸奶品牌等都借助了新零售时代最火爆的文案模式。

7.4.1 创作文案的关键法则

创作出一篇好的文案，需要掌握一些关键法则，如图7-8所示。

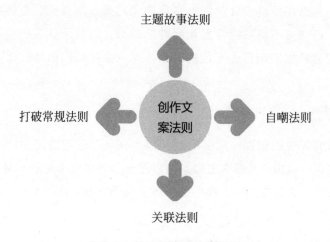

图7-8 创作文案的关键法则

1. 主题故事法则

有很多品牌商在写文案的时候，都是直接描述产品的特性，唯恐消费者不能将产品的功能和特点了解清楚，但是这种文案太枯燥，对于消费者来说是毫无吸引的。为了增加文案的趣味性，吸引消费者阅读，可以设计一则以产品为背景的小故事，相较于枯燥的功能介绍性的文案，消费者更愿意读故事。故事的主题要贴合品牌和产品的理念，风格要符合品牌的调性。

在设计这样的文案之前，要明确品牌这次设计文案的目的，要向消费者传达出怎样的理念，然后再去选择故事的题材和叙述的主要内容，将品牌和产品要传达的理念融入故事当中。另外，叙述的故事一定要贴近现实生活，让消费者感受到趣味性的同时产生共鸣。

2.自嘲法则

自嘲也可以被称作自我调侃。一个具有自我调侃特点的人一定是非常有自信和魅力的人，通过自我调侃能够很快地拉近与别人的距离。品牌的文案也是如此，一个具有自嘲风格的品牌会让消费者感受到其魅力，拉近品牌与消费者之间的距离。相反，一味地自夸只会让消费者反感。

任何一个品牌和产品都不可能是完美无瑕的，只是一味地夸赞自己，隐藏所有的缺点，久而久之，同样也会让消费者怀疑品牌的真实性。有时候主动暴露自身的一些缺点反而会让消费者觉得这个品牌非常真实，更容易赢得消费者的信任。自嘲并不是暴露产品和品牌的缺点，而是承认自己的不足，当我们愿意面对客户坦白自己的不足的时候，他们会更加相信我们所宣传的那些优点。

3.关联法则

很多看似无关的东西，只要把他们组合在一起就可能产生出乎意料的效果，一则文案可以跟一个名人关联，可以跟一个热点事件关联，甚至还可以跟竞争对手关联。关联法则的本质是把两样看似无关的东西联系到一起，从而产生创意的方法。

4.打破常规法则

写文案的时候如果能够打破常规，用更贴近现实的话去调侃某种现象或网络流行语句，一般会产生颠覆性的创意效果和幽默效果。比如"丑小鸭变成白天鹅，并不是它有多努力，而是它的父母就是白天鹅""努力不一定会成功，但不努力一定很舒服""很多时候你不逼自己一把，你都不知道自己还有把事情搞砸的本事"。这样的调侃比那些满满的心灵鸡汤更贴近现实，更符合实际，也更容易引起读者的共鸣。

7.4.2 喜文案、丧文案带来的品牌传播

在我们阅读一篇文章时，有时会有某段章节或某句话引起我们的共鸣，这是因为我们内心的情感诉求被唤醒。文案创作也是一样，品牌商将情绪作为文案创作的切入点，就等于给了消费者一个情感的宣泄口，往往能够直击消费者的内心，引起共鸣，产生很好的营销效果。情绪性的文案大致可以分为两种：喜文案和丧文案。

1. 喜文案带来的品牌传播

喜文案，在情绪方向可以将其延伸为正向情绪。这种文案的风格就是积极向上，充满着正能量，让消费者感受到品牌所传达出来的热情和喜悦。这种正能量的文案有一个网络热词可以形容——心灵鸡汤，虽然经不起太深层次的推敲，但是总是能够触动消费者的内心，让他们感觉仿佛前面有一个智慧的老者，在点醒处在迷茫中的自己，让他们找到一丝喜悦，所以，这样的文案能够让他们记忆深刻，对品牌的产品也会更愿意买单。

New Blance作为一个跑鞋品牌，其文案自然都是正能量金句。比如邀请李宗盛作为品牌代言人，配之以"人生没有白走的路，每一步都算数"的文案，给消费者满满的正能量。New Blance在2017年用网红papi酱作为品牌的代言人，在3月份推出了走心广告《致未来的我》，这个视频的文案就是"不要为了天亮去跑步，跑下去天会亮"。

New Blance的核心消费群体就是新一代的年轻人，大部分的年轻人都带有迷茫的情感标签，这则广告选取的代言人papi酱是凭借自己的创造性在微博活跃起来获得成功的年轻人，这本身就与New Blance提倡的保持初心、积极探索的理念相契合，再加上正能量的文案，极大地引起了他们的共鸣，仿佛给身处迷茫中的年轻人一颗定心丸，警示着他们不忘初心、砥砺前行。所以这则广告一经上线，就引起了用户的积极转发和广泛讨论，不仅提高了New Blance的曝光度，也使消费者更加认同New Blance的品牌价值。

2. 丧文案带来的品牌传播

丧文案，是以消费者另一种情绪要素为切入点，用消费者在生活和情感中无法得到宣泄的内容为核心点，在配合产品的调性的前提下策划文案。丧文案又被称为"毒鸡汤"，这类文案的内容很容易迎合消费者的情绪，用冲击内心的文字撩拨消费者更能够与消费者产生共鸣。但是，这种"丧"并不是为了给人传递一种负面情绪，而是要以一种幽默的方式传递信息，要撩拨得恰到好处，不能让消费者反感。

丧文案的代表性案例有很多，尤其是在2017年，可以被称作是丧文案的元年，"小却丧"成为网络热词，因此很多的品牌商都用"丧"来作为文案的情绪元素。一个典型的案例就是——没希望酸奶。

没希望酸奶是成都的一个名为试物所的团队专门给某一牛奶品牌策划的一个丧文化的创意文案。没希望酸奶的丧文案有两个主题：不熟酸奶和扎心酸奶。这里以扎心酸奶为例，扎心酸奶系列文案被配上了当下最流行的网友内心吐槽，把消费者隐藏在内心，想说却没有说出来的话做成文案印在包装上。包括"导购说，这已经是最大码了，扎心了""相亲对象问我买房了吗，扎心了""他们把我的自拍制成表情包，扎心了"等。以幽默风趣的方式传达"丧"的情绪。

这种不触碰消费者情感底线的丧文案风格，用生活化的语气和场景来吐槽生活中那些令人"丧"的场景，容易让消费者产生共鸣。这种文案传达的并不是一种悲观的生活态度，而是抛弃了被年轻消费者反感的说教形式，用一种吐槽式的语气传达出"即便生活中会出现很多不如意的时刻，但还是要继续勇敢前进"的价值理念。这种传达方式会让年轻消费者在一定程度上释放负面情绪，增加对品牌的好感，对品牌更容易产生亲近感。

7.4.3 刷屏朋友圈的乐纯酸奶

两年前，乐纯的一篇文案刷屏了朋友圈，阅读量超过了10W+，团队自己都很惊讶。Denny说："开业不久店内贴了几张宣传的海报，那天七八个到访的顾客被鼓励扫描二维码在朋友圈转发该篇文案。想不到这七八个转发量后来竟然传播这么快。"

这篇文案为什么会引起这么高的关注度呢？当然与文案的特点和国内部分消费者对食品的态度有关。这篇文案抓住了消费者的很多痛点，不管是精致的图片还是将用户体验与预售效果的展示、酸奶细致考究的格调和合理暖心的价格。

现在，国内的市场已经到了一个消费主权时代，消费者的消费能力不断提升，对产品质量的要求和商家服务的要求都越来越高，越来越多的消费者追求美食，尤其是精致的美食，这就给像乐纯酸奶这样的精致食品提供了市场。在推广上乐纯打了漂亮的一仗，但是知名度提升过快也导致现在的产能有点跟不上，扩大团队是现在一个重要的任务。

当然，能够获得如此巨大的成功，还是因为其暖心又调皮的文案，用这样的文案提醒用户好好吃饭，让人倍感暖心。

乐纯先传播"吃乐纯早餐关爱自己和同伴"的理念，在传播这种理念的同时，乐纯还策划了早餐打卡计划：从2017年3月29日到2017年4月27日，在此期间，乐纯每天都会在每一个订阅用户的屏幕上发一条提醒大家每天吃早餐的文案，共计30条。如果用户没有按时打卡吃早餐，乐纯会再次发一条提醒文案。

乐纯这次策划包含"爱、减肥、早起、幸福"的系列文案，有些叫醒话语也会随机印刷到产品包装上，这样每天挣扎在上下班路上的人们在看到包装上的鼓励话语，心里面也会感到暖暖的。

乐纯在这次营销活动中，发布的30条文案内容所秉承的理念是必须给用户传递温暖、有爱、有趣的感觉，这样才能让用户愿意接受吃早餐的提醒。而且在文案创作时，乐纯在众多用户中也做了很多问题调查，比如"家人朋友哪句话会让你注意自己的健康""美的天敌是什么"等。

在这些调查的基础上，文案创作者才有了最贴近消费者的素材，"人生苦短，吃点好的""我这么美，我可不能胖啊"等略带毒舌以及描述爱的文案也随之产生。很多消费者在看到这些暖心文案之后，他们会主动将这些文案连同自己的早餐分享到微博和朋友圈，顿时引发了广泛的传播。

第8章
如何组建强执行力的营销团队

品牌营销：新零售时代品牌运营

无论你现在是领导者，还是想成为营销团队管理者的新人，都要学会组建一个具有强执行力的营销团队。在新零售时代的背景下，市场竞争日益激烈，竞争方式也由最初的价格战发展到现在的品牌战。但是，无论是什么样的竞争都离不开优秀营销团队的支持，营销团队的专业化程度是品牌竞争的关键。建立一支优秀的、执行力强的团队，已经成为每个商家的当务之急。下面就对"如何组建强执行力的团队"进行详细阐述。

8.1 怎样组建一支优秀的营销团队

一支优秀的品牌营销团队应该怎样来组建呢？团队的组建很容易，但是优秀的、战斗力强的营销团队、组建起来是非常不容易的，而且没有任何的捷径可以走，团队的管理者只有不断地试炼、不断地摸索才能够打造出一支战斗力强的品牌营销团队。人才是团队的构成要素，吸纳人才并留住人才是第一步要做的事，这一部分从团队中人才的角度入手，分析如何才能组建一支优秀的营销团队。

8.1.1 起步阶段没钱时如何吸引人才

现在越来越多的品牌商开始面临营销人才缺失的困境，尤其是一些正在起步阶段的创业型公司，这类公司不像已经功成名就的大型企业，资金雄厚、资源广泛，能够得到大量营销人才的簇拥，刚刚起步的创业型品牌商往往缺乏资金，也没有相对完善的运作体系。那么在这种情况下，品牌商应该如何解决营销人才缺乏的问题，如何做才能吸引人才来组建一支优秀的品牌营销团队呢？具体来说，吸引人才建立品牌销售团队的具体方法如图8-1所示。

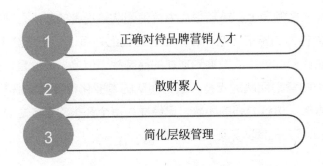

图8-1 建立品牌销售团队方法

1. 正确对待品牌营销人才

团队中刚刚引进的营销人才,需要企业给他们足够重要的位置,以便能够展现能力,为团队的发展贡献力量。很多团队管理者在招收营销人才的时候,就将其置于自己之下,将自己塑造成高高在上、不可僭越的领导角色,其实这是错误的。团队中最理想的状态就是成员都以一种平等的身份相处。

另外,很多团队管理者未必具有品牌营销方面的才华,相反,他们的才华可能更多是在技术方面,如果所招收的人具有品牌营销才能的、可以和团队管理者优势互补的营销人才,就应该用一种平等的姿态去对待,给他们足够的地位,让其在自己的领域范围内发挥出专长。

2. 散财聚人

在创业团队中,创造财富是唯一不变的话题,但是财富是造成不信任的根本。如果不能把握好企业、老板、员工的关系,就很难建立团队成员间的信任优势,对于一个营销团队来说,没有信任就会导致团队没有凝聚力,那么也就很难拥有强大的进取力。

为了增强团队的动力,在企业创业之初,最好对营销策划人实行股权激励机制,以便能够取得最佳的效果,所谓散财聚人,团队中的营销人才在得到股权后不再只是当初打工者的身份,同时也是品牌的投资者。在固定的收入之余,还可以根据自己的努力获取不定期的丰厚回报,这对人才来说有着巨大的激励作用。

3. 简化层级管理

所谓简化层级管理，一方面是因为刚起步的小型公司并不需要严格的、层级复杂的管理制度。初创公司最大的优势之一就是"小"，越小的团队，环节越少，处理事情的效率就越高。另一方面初创阶段的公司人员构成少，正是培养相互之间的感情，增强彼此之间信任和团队凝聚力的好时机。相互之间充分信任、相互监督、自我管理，治理的成本也低。在这样的简化的层级管理中，不需要层层递交报告，营销团队自然会呈现出强大的执行力，在每天高效的工作中，人才的留存率也会提升。

8.1.2 良好学习环境的搭建

想要组建一支强执行力的品牌营销团队，良好的学习环境搭建是必要的。团队学习是指一个单位的集体性学习，这种学习的目的是希望团队的营销人员能够互相学习、互相交流、互相启发、共同进步。团队中的营销人员在一个良好的学习环境中能够全身心地投入工作，激发营销人员的积极性和首创精神。

营销团队在这样一个良好的学习环境下，不仅可以让营销人员提出更加精良的销售方案，还有助于提高团队的核心竞争力。团队学习的方法是团队学习环境的重要表现形式，那么团队学习该怎样进行呢？京东团队的学习形式也许能够被其他的团队借鉴。

京东华东区早就开始尝试"自组织"的学习形式。"自组织"的主要措施分为以下两个方面。

1. 引入班主任，由爱学习的员工兼任

"班主任"的角色就像是"培训"和"业务"的桥梁。这个角色负责整理出部门内部成员的学习需求。这个角色是由爱学习的员工担任的，是从京东华东区整个公司范围内选取的，他们通常有着业务资深、热爱学习和分享的特点，在成为兼职的"班主任"后，在总部培训管理团队的支持下，负责牵线组织所在部门内员工的学习活动。培训管理团队各项工作的开展，均通过和班主任的沟通展开，进一步影响到整个公司。

2.小班教学，确保碎知识点的掌握

京东刚开始的传统培训方式是将几百名员工聚在一起上课，效果不太好。自从"自组织"班主任的方式出现后，传统的培训方式就被取代了，几百名员工连续两天上课的培训形式不再沿用，而是逐渐转变成由班主任组织的，十几个人、半天以内的小班培训方式。在翻转课堂中，课堂上的学员观看视频课程，再加上"班主任"对知识进行详细的讲解，并对学员们提出的问题详细解答。

最后，是以一种考试的方式，来判断学员对所授知识点的掌握程度。在这种形式下，每位学员都得到充分关注；与此同时，还会要求学员在学习的过程中给出分享和反馈，让他们更多地参与到学习话题中。

自从京东推进"自组织"培训管理思路后，京东员工培训活动的效果在影响范围和价值深度上都获得明显的提升。

1.培训频次提高，员工满意度颇高

分布在每个业务部门的班主任独立承担培训活动，让组织一次学习变得无比简单，平均下来每月80～90个新员工入职，培训班在不同城市同时开展，一天中出现6～7场培训也变得常见。同时，小范围、短时间的培训活动，每位学员都能充分参与互动，短时间内的注意力也很集中，无论是学习效果，还是学员满意度，均得以提升。

2.专注提升精品学习资源

在从原有的大量的学习组织的事务性工作中解脱出来后，培训管理团队得以有精力思考如何打造平台，更好地支持业务部门内的自组织学习，如内训师队伍建设，员工职业能力素质提升，精品课程内容设计等，从而推动整个团队学习水平的提高。

良好的团队文化能够为团队成员提供一个良好的组织环境。同时，良好的团队文化能满足成员的精神需求，起到自我激励的作用。正如牛根生所说："必须坚持团队学习，学相同才能思相近（共识），思相近才能言相和（共鸣），言相和才能行相辅（共振）"。

8.1.3 如何留住人才

企业经常会面临的一个问题——人才流失，尤其是营销人才，那么企业该如何留住营销人才，打造中坚营销力量，从而做好品牌营销呢？总结这几个方面的要素，如图8-2所示。

方法一	报酬的合理性
方法二	培育良好的企业文化
方法三	给员工归属感
方法四	建立良好的沟通

图8-2 留住人才的方法

1. 报酬的合理性

大多数的员工最关注的还是薪资的问题，与其说他们想要获得高薪酬，还不如说他们想要获得与他们的付出成正比的薪资，企业的员工最难以接受的可能就是企业不合理的绩效考核。

通常情况下，营销团队的管理者只是在考核上的推进力度大，而很少关注真正与员工利益相关的奖励机制。久而久之，团队成员的付出与回报不成正比，没有得到期望的薪资，这时就会对团队的考核制度产生抵触情绪，对团队失望，这是营销团队人才流失的最主要原因之一。

所以，为了解决营销团队在某一层面的人才流失问题，营销团队的管理者应该建立合理性的薪资体系，对优秀营销人员的薪资水平加以调整，实现薪资的差异化，才不会造成优秀营销人员的心理失衡，这样才能降低人才的流失率，让优秀的营销人员继续为企业的营销团对创造价值。

2. 培育良好的团队文化

如果说薪资水平是员工有效留存的基本因素，那么培育出良好的团队文化，对团队成员产生潜移默化的影响则是更深层次的因素。很多的营销团队都有一种现象，就是只能够听见领导一直在强调营销团队在企业发展中的战略规划，却始终看不到实施这些策略的实际行动。优秀的团队成员通常在专业上、技术上的能力更强，洞察实物的能力也更强，他们需要的是一种能够解决实际问题、工作氛围良好的团队文化和环境，如果团队的管理方式和文化环境得不到他们的认可，他们就会对团队失望，对团队的发展失去信心，从而导致他们离开你的团队。

团队管理者为了解决这一层面的人才流失问题，要塑造干事创业的良好环境。在团队内部创造一个公平、公开、公正的良好工作机制，在工资制度、人事制度上进行改革，为人才成长和价值的实现提供展示发挥的空间，让他们看到企业的发展前景。在这样的团队文化中，团队成员也能够更好地成长。

3.给团队成员归属感

给成员归属感是提升人才留存率的有效途径。那么该怎样赋予团队成员归属感呢？

一方面，从小处着手，真正尊重团队成员，让他们以共事者的身份参与工作，而不是单纯让他们以打工者的身份存在；另一方面，在保证团队成员基本福利的基础上，可以适当再增加一些小福利，企业不用付出太多的成本就能很好地调动团队成员的积极性和增强凝聚力。

比如定期举行一次户外活动；给每位过生日的员工买个大蛋糕，让团队的其他成员给他过生日，给员工增加住房、医疗方面的补贴等。这类团队活动的花费很少，但绝对是小投入大回报，不仅可以增加团队的凝聚力，还能给团队成员归属感。

4.建立良好的沟通

团队管理者与成员之间的沟通是非常重要的，沟通可以让管理者听到员工的声音，有利于企业更多地从团队成员的角度出发，考虑他们工作的需求和想法，增进团队与成员之间的亲近感，也可以让团队成员更多地了解团队，建立更加紧密的联系。

沟通的方法有很多，形式也可以多样化。比如面对面沟通交流，在会议上向员工展示各类业绩报告等，这类沟通可以让优秀的员工感觉到被重视，对公司的未来发展充满希望，还可以增强企业与员工情感上的连接，帮助员工厘清人生的规划，建立工作愿景。另外，在员工业绩突出时还要注重在言语上表扬和赞许，在遇到困难时给予关心、积极疏导。在这样的良好沟通下，员工对企业充满感情，留存率自然会提升。

8.2 打造团队执行力4步走

执行力强的团队与一般的团队相比，更具有优势。这个团队能够帮助企业高效完成目标，在市场竞争中处于不败地位。具体来说，打造团队的执行力需要分4步走："智商、情商、反脆弱"论管理；完善奖惩制度；与员工换位思考的霍桑实验；良好的沟通。

8.2.1 "智商、情商、反脆弱"论管理

企业中的"智商、情商、反脆弱"理论就是如何应对事情的不确定性，使员工从中获益。例如，一个玻璃材质的杯子很容易被打碎，那么，它就是一个相对脆弱的事物，与之相反，橡胶材质的杯子就不容易被打碎，对于玻璃杯来说，它是反脆弱的。同样如此，在企业的团队中，如果经不起任何外界刺激带来的考验，很容易被击垮，那么，这个团队就是脆弱的，如果经得起考验，它就是反脆弱的。

企业在培养团队时，希望培养一支反脆弱的队伍，不被任何困难所击垮。《反脆弱》一书的作者塔勒布认为，很多大型企业的团队都是非常脆弱的，尤其是遭遇负面的黑天鹅事件时，企业更是不堪一击。如果团队能够克服负面事件的影响，反而会逐渐变得更强大。

在3Q（360与QQ）大战中，双方都赢了，因为双方的团队都具有强大的执行力，都具备超强的反脆弱能力。腾讯采取了半条命原则，即把公司的一

半命运交给合作伙伴。在投资中，腾讯基本上都是最大的股东，它通过投资别人，使别人获得成长，这个过程中，腾讯也在不断地发展壮大。

如果想要建立一支执行力强的团队，就需要将每个员工身上的能量释放出来，激发员工内心的战斗力。团队强大了，就能产生10倍的收益，这10倍的收益给公司带来的将是颠覆性的变化，这也是实行反脆弱理论的一个非常重要的意义。

8.2.2 完善奖惩制度

好的奖惩制度可以规范团队成员的行为，相比于没有完成业绩的惩罚制度而言，前期奖励制度的建设更为重要。奖励机制可以提升团队员工的销售热情，在奖励面前员工才会有动力。那么企业应该如何设置奖励机制呢？

首先，在薪酬的构成上，员工的薪酬被分为两种核算方法：一种是"底薪+提成"的薪酬计算方法，另一种是"底薪+绩效+提成"的薪酬计算方法。团队的管理者在薪资制度的采用上要慎重，底薪可以是行业内较为普遍的水平，在绩效和提成上的比例要加大一些，方便员工能够更容易地比较，在提成和绩效的比例比同行业的企业更高时，不仅调动了积极性，还有利于人才的留存。

其次，团队的奖励成本应该设置在什么程度呢？很多企业管理者经常会走进一个误区，将奖励成本压缩到一个受限的水平上，实际上将太多的注意力放在奖励成本上根本起不到奖励的作用。激励制度并不是存量，而是一种增量的刺激。这部分的奖励本来就不是真实存在的，而是一种诱惑的存在，如果这份奖励的诱惑力不够大，员工的积极性也不会被调动起来。

最后，团队中应该有一个标杆式的人物，将这个员工作为团队的灵魂人物，号召员工向榜样学习。清博大数据的副总裁张丹峰，年仅26岁，也是销售出身，他的销售业绩一直被清博的商务部奉为教科书，清博还会将张丹峰在销售过程中的案例讲解以及洽谈技巧做成语音学习资料，商务部的成员都会借鉴他的方法，并以他为榜样向他学习。如果一个团队中没有这样的一个人物，是非常可怕的，整个团队都会浑浑噩噩，没有比照的范本。如果在现阶段没有这样的销售明星,那么团队的管理者要刻意地创造一个这样的人物。

奖励的方法可以从这三个方面来权衡。

1. 调整定期奖励

定期奖励久而久之会让团队成员失去兴趣,因为他们可以轻而易举地对奖励做出预测。调整定期奖励,变换成经常性奖励,团队成员会在不可预期的奖励中挑起兴趣,为了可以经常得到奖励,他们就会时刻鞭策自己,提醒自己要好好工作,这样的经常性奖励会让团队成员的工作效果更好。

2. 奖励要做到公正公开

奖励机制一方面是激励被奖励的团队成员,另一方面是刺激没有被奖励的团队成员,达到奖励一个人带动整个团队的效果,所以,给团队成员奖励的时候应该公开,让其他的成员也都能够看到。很多的团队管理者在给团队成员发放奖励的时候,通常是通过秘密红包的方式,事实上,这种神秘感会让团队中的猜疑感加重,影响工作的积极性和团结。而且被奖励的员工也不能做横向的比较。只能自我纵向比较,不易在团队中造成力争上游的气氛。

3. 奖励程度力求合理

在奖励机制中合理性是非常重要的,多劳多得,对于业绩很好,对团队贡献多的员工要给予重奖,这样才能鼓励团队中的成员更加努力地工作,为团队做出更大的贡献。如果奖赏不合理,对贡献较多的团队成员奖励程度不够,与贡献较少的成员没有断层式的差别,就会打消优秀成员工作的积极性。

8.2.3 霍桑实验

打造高绩效营销团队,团队管理者必须要掌握一些心理学知识。管理心理学中有一个著名实验——霍桑实验,该实验研究的是关于人群关系的。霍桑实验推翻了把人假设为"经济人"的管理理念,证明了人是"社会人",每个人都是复杂的社会关系的成员,金钱不是唯一刺激人类工作积极性的动力。因此,建议一个强执行力的团队,在调动团队成员的工作积极性时,还必须从社会、心理、人际关系等方面去努力,而不是单纯从金钱方面去刺激。

在霍桑实验之前，企业团队的管理者认为执行效率主要是受制于工作条件或者工作方法，其实不然，团队的执行效率主要取决于团队中员工积极性。团队的管理者为了提高团队的执行力，要对员工实施刺激机制。那么好的刺激手段又是什么呢？

用金钱来激励员工是一种很传统的方式，但是在霍桑实验的调查中，发现员工渴望满足的需求中，金钱只是其中一部分，大部分还需要感情上的慰藉、安全感、和谐、归属感等。在这一点上，凯兰的团队管理就非常注重员工的感受。因为这在很大程度上影响着他们的工作状态。

凯兰为了让员工在冬天也能保持积极的状态，实质性解决员工的制热问题，给每位员工发放了冬季福利——电热台板，目的是"为员工送去春天般的温暖"。在寒冷的冬季，电热台板能通电发热，让伏案工作的员工享受到温暖。这种用实际行动改善员工冬季办公条件的做法，一方面能帮助员工祛除寒意，让他们的工作更方便与积极；另一方面，公司的贴心关怀，也让员工感受到公司如家的温暖，这样将对团队的长期发展有利。

团队执行力的养成需要多种因素共同作用，员工的感受是经常被忽略的一个方面，但是员工才是一个团队的构成细胞，是一个团队形成竞争力的关键，如果不能关注团队成员的感受，那么团队就会缺乏执行力。

因此，新型的领导者，尤其是基层管理人员应像霍桑实验人员那样重视人际关系，设身处地地关心下属，通过积极的意见交流，达到感情的上下沟通。应能提高团队中员工的满足感，善于倾听员工的意见，使正式团体的经济需要与员工的社会需要取得平衡。

8.2.4　良好沟通必不可少

一个执行力强的团队，一定有着良好的沟通，这需要团队之中建立起一套沟通的制度，另外在沟通中管理者还需要掌握一定的技巧。具体来说，可以分为两个方面：积极倾听和表现出兴趣。

1. 积极倾听

在团队中，言谈是最直接、最重要和最常见的一种沟通途径，有效的言谈沟通很大程度上取决于倾听。谈到倾听，就要先理解倾听的含义，很多的团队管理者会认为"听"与"倾听"没有区别，其实不然。所谓"听"，主要是指听到对方所说内容，至于所说的具体内容可能不会太深究；而"倾听"，则是在听的基础上，还要用脑思考，并对所听信息进行整合分析等。

团队领导在与成员沟通时，一定要认真倾听，能听出他们的弦外之音，真正了解他们心中所想，并找出相应的应对措施，否则就无法真正理解他们想要传达的意思，也无法确保团队旺盛生命力。

2. 表现出兴趣

有人曾对纽约某电话公司做了一项深入的调查，他们发现人们在通过电话谈话时，所提到的最频繁的词就是"我"。当时调查专员随机抽取500个电话的谈话内容进行分析，其中，"我"字被使用了5000多次。无可厚非，我们在看一张包括自己在内的照片时，几乎所有人都会最先去找自己，所以，在团队管理中，管理者不要一味地想让成员对上司感兴趣，而是真心对成员感兴趣。

3. 建立信任

沟通不一定建立在完全信任的基础上，但必须建立在基本的信任基础上。试想一下，如果对方对你不信任，那么即使你说得再好，他们心里也会对你说的话表示怀疑，更不可能认真倾听，这样的沟通就属于无效沟通。而有了信任之后，对方会对你说的话积极倾听，再三斟酌，这样的沟通才是价值的沟通。

另外，管理者要能设身处地为团队成员着想，放低姿态融入到队伍中，学着感受成员的需要并接受彼此的不同之处。管理者还要尝试着从团队成员眼中看清自己，只有看到别人眼中的自己，你才能在与成员沟通中找到突破口，拉近彼此之间的距离。

总之，优秀的营销团队总会上下拧成一股绳，遇到问题后积极沟通，献力献策。

8.3 阿里销售铁军如何炼成

在零售业界，一直有一个销售团队被奉为神话，那就是阿里巴巴有着"铁军"之称的销售团队。这个团队帮助了阿里巴巴熬过世纪之交互联网寒冬，走出发展的低谷。这是一支做地面推广的销售团队，还曾被命名为"中国供应商"。马云曾经在公开场合评价这支销售铁军："阿里巴巴旗下最彪悍、最具战斗力的销售团队，非中供铁军莫属！"那么这支铁军是如何炼成的呢？

8.3.1 为什么阿里铁军如此受马云欣赏

阿里铁军之所以如此受马云欣赏，是因为其内部高效、精细的销售运作机制，是效率型销售的典型表现，那么这套高效的机制又是怎样运作的呢？

1. 阿里铁军的工作日常

① 每天早晨所有销售团队的成员必须准时赶到公司。

② 上班后的前半个小时，所有团队成员熟知当天的销售目标与客户信息等任务。

③ 半小时后，每个销售人员调整好状态，然后乘坐各种交通工具到自己负责的商务办公楼洽谈和寻找客户。

④ 工作期间，阿里对每个销售人员的每日销售拜访还有量化考核，即在8个拜访中，有效拜访要至少有2～3个。何谓有效拜访呢？即销售人员所拜访的人员必须是老板或者高层负责人员，这些人要能够让合作推进。另外，销售人员在某个办公大厦或者办公楼园区拜访完客户后，还要在当前区域尝试挖掘一些潜在客户，这种也属于一次拜访，只不过被称为陌生拜访。在陌生拜访中，销售人员要尽可能地获取客户的潜在信息，比如负责人的联系方式、产品情况等，以便之后将这些陌生拜访转变为有效拜访。

⑤ 每位销售人员要在下午六点再回到公司，由团队管理者组织一个1小

时的销售夕会，目的是让每个小组分享一下当天成果、得失和挑战，同时他们还会针对销售中遇到的一些难点进行演练，以便提升团队的整体销售能力技巧。

⑥ 销售夕会结束后，销售人员要把当天拜访的用户信息录入到阿里的CRM系统中，并标明是有效拜访还是潜在客户。为了保证销售录入信息的真实性，阿里专门设置了品控团队，他们会定期或者不定期地抽查销售人员录入系统的信息的真实性，一旦发现某位员工故意录入虚假信息，则这位员工会立刻被开除，因为弄虚作假是阿里的红线，任何人都不能触碰。

⑦ 销售人员接下来还要做日报的提交等工作，之后，销售人员还需要搜索潜在客户资料，目的是为了提前做好第二天拜访的准备工作。

以上就是阿里销售铁军的工作日常，团队人员从早晨8点到晚上10点，每个时间段都有工作安排，每个销售人员都要按部就班去做。为了让销售人员能高效利用自己的时间，阿里内部有一个不成文的规定：所有的销售人员都要住在公司附近。可见，阿里对销售人员的要求还是很严格的，这也是建立销售铁军的必要条件。

阿里销售铁军的每个成员都要适应全天紧凑且高效的工作，还要有很强的抗压性。为了激发阿里销售成员的积极性，阿里还设置了各种激励机制，将阿里成功打造出一个充满挑战的销售文化和价值观体系。在这样的团队文化和价值观体系下，阿里销售成员总能够在每一天的工作和挑战中充满热情。

2. 销售运作机制让销售团队的工作更高效

除了有一个紧凑的工作日常以外，阿里铁军还有一个完善的销售运作机制辅助销售人员高效完成工作目标。这个销售运作机制遍布销售的整个过程，从与客户初步接洽到合同回款，每个销售过程都划分得十分精细，销售人员只需要按照步骤操作即可。

在保证销售线索被高效跟进方面，阿里建立了CRM系统，他们将线索池中的销售线索分给销售人员后，如果在特定的时间内销售人员没有对该客户跟进，那么这个客户线索就会被回收，然后分配给其他同事。这样做可以在无形之中给一线销售人员施加一些压力，促使他们在拿到销售线索后尽快跟进，否则他们就会被关掉销售线索，可能就会损失一些客户。

另外，为了保证销售线索能够被合理分配，管理层每天都会通过CRM为每个销售人员分配30～50个客户，如果销售人员发现某一个或多个销售线索的成单概率高，那么他们可以把这些客户放进自己的客户私池，但同时他们还需要从自己的私池里退回相应数量的客户线索。

阿里之所以采取这样的分配方式，一方面，让销售人员把主要精力放到所分配的客户身上，集中攻破最有可能成交的潜在客户，以便提高成交概率；另一方面，为销售新人提供业务扶持，这样没有任何资源积累的销售新人也可以获得销售线索，不至于在上班期间无所事事，同时也能避免"金牌销售"大包大揽，造成资源严重分配不均的现象。

团队精神的建设和销售机制的运作模式保证了阿里铁军的高效运作，签单量遥遥领先于其他的零售企业，阿里巴巴凭着这支执行力极强的队伍，快速获取了用户并抢占市场，造就了一系列奇迹，成为马云赞不绝口的团队。

8.3.2 阿里铁军的9大信条

阿里铁军的成功打造除了运作模式的助力，还要归功于强大的团队信念。在2016年的九月份，阿里巴巴国际微博发布了九张ppt，让外界看到阿里铁军团队对于信念感塑造的重视。这九大信条的内容如下。

第一：今天最高的表现是明天最低的要求；

第二：定目标追过程拿结果；

第三：没过程的结果是垃圾，没结果的过程是放屁；

第四：愿赌服输；

第五：简单的事情重复做，重复的事情用心做；

第六：对得起好的人，对不起不好的人；

第七：正确地做事，做正确的事；

第八：又猛又持久，很傻很天真；

第九：一帮兄弟，一段故事，一个传奇，一生回忆。

阿里铁军的9大信条形成了阿里巴巴独特的团队文化，也成为每个阿里人的价值观，使阿里的营销团队变成一个有灵魂的团队。

　　这是阿里巴巴在多年的实践中探索出来的经验总结，并且打造了一套系统化、理论性的方法，随着时代的发展而不断变化。正是由于阿里非常重视价值观，才培养出了一个适合自身发展、执行力强的团队。

进阶篇

品牌人素质提升

第9章
一个品牌人的自我修养

品牌营销:新零售时代品牌运营

BRAND

品牌人有很多，但优秀的品牌人还是很少的。什么是优秀的品牌人呢？一个优秀的品牌人能够为企业产品的品牌传播、品牌建立等带来非常重要的影响。当然，优秀的品牌人也是需要修炼的，其中，品牌人所具有的自我修养就显得非常重要。一个优秀的品牌人除了具备基本能力及专业知识之外，还需要具备良好的自我修养以及心理学知识。

9.1 品牌人需具备的技能

通常情况下，一个优秀品牌人需要具备知识方面的技能是：基础能力以及专业的产品营销知识。这些内容能够帮助品牌人展开营销提供有力的帮助。

9.1.1 基础能力

一个高素质营销团队的关键在于品牌人的综合素质。而一个优秀的品牌人的综合素质必须包括三大基础能力。

1. 营销要素整合能力

在新零售时代，整个市场环境是极其复杂的，不仅仅需要企业战略部门的战略制定，还需要品牌人在品牌的营销中根据实际的情况，研究与设计关于营销策略的具体执行方案以及投入方案。

一个有思维的品牌人必须同时具备一流的营销策划品质，而不是仅仅作为一个简单的执行者。品牌人需要清晰地了解企业的品牌战略、产品研发、传播手段等方面。例如，三株公司曾经提出只有取得了公司初级策划员的资格才能担任品牌人。这体现了该公司在营销管理上的远见卓识，打造了高素质的品牌人。

2. 渠道拓展能力

品牌人最主要的任务就是在一线市场上打通渠道，把产品展示给消费者。当然，营销渠道的选择也需要根据公司的实际情况进行，无论公司采取的是大区域代理、小区域代理、子公司直销还是其他营销形式,都必须结合地域之间的不同情况来寻找最适合的营销渠道,这样才能不断拓宽市场。

此外,一个公司可能会存在多种营销形式,营销形式的选择需要结合市场上的产品情况来决定。同时,需要进行合理的价格规划,平衡整个市场。

3.团队领导能力

一个优秀的品牌人还需要把自己的团队成员紧密团结在一起,发挥出每个成员的优势,为团队贡献应有的力量,这样,一个团队才能成功。与此同时,品牌人还需要进行团队分工,引导团队成员之间相互配合。

这需要品牌人清晰划分团队成员的岗位职能,使每个成员的力量最大化,最终让团队发挥出整体力量,获得最大的成效。

除此之外,品牌人还需要培养团队的整体素质。在团队中,只有保证每个成员的能力都在中上等,这样才能保证团队工作的高效性,提升团队的执行力。

9.1.2 专业知识

优秀品牌人还应该具备专业的品牌营销知识。这些知识一般包括产品策略知识、市场细分知识、客户关系管理知识等。

1.产品策略知识

产品策略是针对目标市场开发出合适的产品或者产品组合。产品的整体策略主要包括核心产品、有形产品以及附加产品。核心产品是消费者在购买产品时主要追求的利益;有形产品是在外观以及包装这种有形的部分;附加产品是消费者在购买产品时所带来的附加价值。

在制定产品策略时,品牌人需要注重产品的核心品质。品牌的创立需要依靠消费者对产品质量的良好评价。在当今竞争激烈的年代,产品的质量也是产品策略是否成功的关键环节。

2.市场细分知识

市场细分是指品牌人利用市场调研数据,根据消费者需求、购买行为等各个方面的差异，把整个产品市场划分为针对不同消费群体的市场。而且细分的市场能够使整个营销过程更加准确。

在做好市场细分之后，品牌人就可以针对不同的消费市场准备相应的产品，从而满足消费者的需求。

3. 客户关系管理知识

客户关系管理的过程也是品牌人不断与客户加强沟通，不断对产品进行改进，从而最大限度地满足客户需求的过程。

在客户关系管理中，品牌人注重的是与客户关系的长期维护，品牌营销也是针对客户来展开，而不是传统营销中以产品或者市场作为营销中心。为了加强与客户之间的沟通，品牌人需要建立多种沟通的渠道。

9.1.3 专业技能

品牌人需要具备的专业技能可以包含几个方面：敏锐的洞察能力、优越的分析判断能力和创新能力。

1. 敏锐的洞察力

作为一个品牌的策划人，要对市场有敏锐的洞察力，因为品牌的策划是建立在对市场了解的基础上。而且市场是不断在变化的，作为品牌策划人首先要有洞察市场的觉悟，导致市场变化的原因有很多，消费者的生活水平还有社会上的突发事件都会影响他们的消费行为。品牌策划人要时刻关注行业的动态、竞争对手的动态等，根据市场信息的变化及时调整品牌的应对策略，以便在激烈的市场竞争中站稳脚跟，把握住市场。

2. 卓越的分析力、判断力和决策力

分析能力是品牌策划人必不可少的能力，对市场环境做出系统而全面的分析是做出正确决策的前提。只有分析得到位，才能够把在市场变化中捕捉到的信息转化为有力的决策依据，这是正确决策的关键因素。另外，判断力也是致力于分析力的基础之上，只有分析得当才能做出正确的判断。总之，作为品牌策划人一定要有对市场的分析能力，并在此基础之上，明确判断的方式方法，做出正确的判断，然后再将两者转化成优秀的决策力。

3.巧妙的创新力

创新在任何行业中都是竞争力的关键。因为市场上的竞争是一直存在的，品牌策划人要想在越来越激烈的市场竞争中立于不败之地，就要依靠创新的力量，用创新缔造出品牌的市场优势。因为大部分创新中的优势是在短时间内难以被模仿的，在市场策略和推广方式上的创新已经成为现代品牌策划人不可或缺的能力了，这能够让品牌成为商场资源的有力竞争者。

9.1.4 高阶技能

除了上述的专业技能，品牌人还需要具备一些高阶技能，具体包括深度的潜力挖掘能力、对市场的调研能力以及良好的组织和表达能力。

1.深度的潜力挖掘能力

品牌策划人要具备的高阶技能之一就是深度的潜力挖掘能力。这种潜力的挖掘主要是从产品、对手和市场这三方面入手。首先，对产品的挖掘是要通过深度地分析产品找到产品的优势；其次，对对手的深度挖掘是指通过分析竞争对手来找到对手的弱点，可以集中资源打击其痛点；第三，对市场的深度分析是指具有挖掘出市场空白点和切入点的能力。具备这三种高阶技能的品牌策划人，往往能够做出最佳的策划营销方案。

2.对市场的调研能力

调研能力是所有做内容推广工作的必备技能，作为品牌策划人，永远保持对市场的深度调研能力是必不可少的。因为品牌策划人扮演的角色就是要能够准确地预测和善于把握历史发展的机遇，对于当下的市场现状进行分析，并对未来市场的发展趋势做出适当的预测。适时把握住时机，将品牌打造成为引领市场潮流的领导者。这同时也是对品牌策划人眼光能力的要求，因为一个优秀的品牌策划人，必定能够未雨绸缪，永远走在市场变化的前端，策划出符合市场需求的营销方案。

3. 良好的组织和表达能力

一个品牌的策划人不止要有上述两方面的高阶技能，还有一点不能忽略，就是良好的组织和表达能力。这就需要品牌策划人在策划、指挥、安排、调度方面都有着很高的执行能力，这份能力可以保证策划方案的可行性；至于表达能力，虽然看起来是一个基础的技能，但是确实是一个非常重要的能力。因为一个品牌的策划人如果有能力策划出好的方案，却没有能力很好地传达出来，那么也无济于事。策划方案要想说服企业领导者或客户，其结构、论述的技巧性和语言的表达力都起着至关重要的作用。

9.2 品牌营销人的自我修养

品牌营销人是否优秀对品牌传播的力度有非常重要的影响。营销能力是一方面，此外，真正成就品牌的还是营销人的自我修养，这种由内散发出来的修养是营销人在营销领域占有一席之地的重要原因。

一个优秀的品牌营销人需要一直保持对数据的敏感性；永远有B方案；永远追求细节创新；永远倾听、理解用户。

9.2.1 永远保持对数据的敏感性

一个品牌人永远都不要失去敏感性，这个敏感性在以前通常是指对市场的敏感。然而到今天，科学技术给我们提供了很多的便利，其中大数据更是品牌人不可忽视的重要因素。保持对数据的敏感可以为品牌的营销获取更多的价值源。

首先，大数据能够分析用户的行为与特征，只要积累足够的用户数据，就能分析出用户的喜好与购买习惯，甚至做到"比用户更了解用户自己"。有了这一点，才是许多大数据营销的前提与出发点。无论如何，那些过去将"一切以消费者为中心"作为口号的企业可以想想，过去你们真的能及时全面地了解客户的需求与所想吗？或许只有大数据时代这个问题的答案才更明确。

其次,大数据的应用有助于实现品牌的精准营销。精准营销被很多的品牌商提及,但是真正做到的少之又少,反而是垃圾信息泛滥。究其原因,主要就是过去名义上的精准营销并不怎么精准,因为其缺少消费者特征数据支撑及详细准确的分析。相对而言,现在的RTB广告等应用则向我们展示了比以前更好的精准性,而其背后靠的即是大数据支撑。

事实上,这两个方面都是在引导产品及品牌的营销活动投消费者所好。如果能在产品生产之前了解潜在用户的主要特征,以及他们对产品的期待,那么品牌商的产品生产即可投其所好。2017年,天猫将品牌的口号从"上天猫就够了"改成了"理想生活上天猫",很多人会疑惑为什么天猫不再提及卖货的事,而更多的是讲趋势,造理念,事实上,天猫变更口号正是源于对数据的敏感,希望能够用这些理念来定义理想生活,引领消费。

这次口号的变更是依托天猫强大的数据支持。比如天猫公布的一组数据显示,去年天猫平台上"单人帐篷"近一年售出84万顶,自行车售出超一亿辆,男性美瞳搜索次数增速上涨154%,琵琶的销量增速超过408%。这些数据提醒着天猫,消费的趋势正发生变化。中国未来将拥有2亿中产消费者,他们对商品、服务、旅行等购物体验以及服务体验都提出了更高的要求。

阿里巴巴的CMO说:"消费者越来越想要买得好。他们真正的需求是买到能够满足他们理想生活方式的东西。"这说明消费市场的趋势正在从重价格转变为重品质。这就是天猫变更口号的原因,而且也反映出天猫对数据的敏感。

天猫营销平台的事业部总经理刘博说:"消费者是很挑剔的。所有消费者都在关注性价比。我们要告诉消费者,他们想要的价格中,什么是品质最好,最值得买的。"基于大数据下了解的消费需求,天猫每个月都会发布包括天猫品牌力榜单、天猫趋势榜单等消费榜单。除了吸引更多优质品牌,成为品牌营销主阵地外,天猫也想告诉消费者什么值得买。

在天猫基于数据的敏感下,在变更口号后的第一个618就实现了销售额的激增。6月18日零点过后仅10分钟,天猫618服饰总体成交额突破10亿元,开场仅7分钟天猫国际成交破亿,快消行业开场后半小时内同比增长378%,天猫超市同比增长高达13倍。

9.2.2 永远有B方案

B方案也就是所谓的备用方案。在品牌营销中,产品的营销过程不会永远按照品牌人策划的轨道来进行,往往会有出现失误的情况,而这种情况一旦出现,就会给整个营销活动带来不利影响。

因此,品牌人还需要具有备选的B方案,以备不时之需,这也是优秀品牌人所具有的自我修养的一部分。

9.2.3 永远追求细节创新

德鲁克说:"企业最重要的功能是品牌和营销,其他一切都是成本。"在新零售的时代背景下,品牌商之间的竞争更加激烈,一个品牌若想化挑战为机遇,在市场竞争中立于不败之地,只有进行持续不断的品牌创新和营销创新。

有一个国外企业关于创新的小案例,故事发生在一家生产牙膏的公司。这家公司生产出来的牙膏包装精美,产品的质量也堪称上佳,虽然销售额一直不错,但是企业在经过十几年的发展后,进入了业绩停滞时期。为了解决这一困境,董事部召开了高层会议,在会议上,有一位经理扬起了手中的纸条,信心满满地对总裁说:"我有个建议,若您想要用我的创意,必须另外付我5万元!"总裁听过后,非常生气,认为这个员工太狂妄,但是那位经理又解释道:"总裁先生,请别误会。若我的建议行不通,您可以将它丢弃,一毛钱不必付。"

总裁在听过解释后,接过了经理的纸条,打开看了看,立即就决定付给这位经理五万元的奖励。其实,纸条上就写了一句话,"将现有的牙膏开口扩大1mm"。这个建议高超的地方就在于,将牙膏包装的开口扩大1mm,每天早晚消费者在刷牙的时候,就会多用1mm的牙膏,每个消费者每天的用量都多出一点点,那么消费量又是以前的多少倍呢?总裁在听完建议后,立刻更换了牙膏的包装,这个细节之处的创新使这家公司走出了业绩停滞的困境,营业额增加了32%。

这个小案例告诉我们，细节的创新是品牌创新的发力点，在细节中发现品牌产品的问题，及时调整创新，往往能够为品牌带来意想不到的营销效果。在细节之处创新的品牌有很多，都取得了很好的效果。比如帮宝适的细节创新，就让其在与好奇纸尿裤的竞争中脱颖而出。

帮宝适和好奇这两家公司都是将"吸水强"作为主打的品牌优势，"吸水强"的纸尿裤有一个最大的问题，那就是不得不增加纸尿裤的厚度，这样的纸尿裤就算是已经脏了，妈妈们也不容易察觉。这就忽略了宝妈们对产品的最大期待，那就是能够帮助她们做一个负责任的妈妈，让她们能够细致地照顾宝宝，让宝宝更舒服一点。

帮宝适率先察觉出这一细节问题，认识到自己以前一直将"吸水强"放大化，其实妈妈们的注意力并不仅仅在纸尿裤的吸收力上，而是更加在意自己如何支持宝宝的发育成长。为此帮宝适开始集中精力在纸尿裤上做一些细小的改动，比如设置了提醒妈妈们换纸尿裤的湿度显示计，帮助妈妈们轻松换纸尿裤的胶条等。另外，产品的品牌也随着宝宝年龄的不同而做出调整——骑马的人、巡洋舰等。

帮宝适在细节之处的调整让妈妈们感到很暖心，感受到了帮宝适的品牌关怀和用心，同时也帮助她们做一个更为负责任的妈妈，满足了她们对产品的期待。很快，帮宝适凭借在细节之处的品牌创新击败了好奇纸尿裤，成为母婴市场的龙头品牌。

对于消费者而言，品牌的创新并不是带给他们多么刺激的感官体验，而是让消费者感受到品牌这次的创新很用心，能够帮助到自己。很多的品牌商对于创新的重点一直存在误区，实际上，最正确的做法就是从细节入手，根据消费者需求提升产品的质量，才能击中消费者的内心，让他们感受品牌的创新能力，提升品牌的影响力。

9.3 懂点心理学更好做品牌

心理学是品牌营销中的基础，也是品牌战略的重要组成部分。只有了解了消费者的心理，从消费者的需求角度出发才能更好地做品牌。

9.3.1　从心理学角度出发诠释消费者习惯

在竞争日益激烈的环境中，对消费者的观察能从中获得对应的市场信息。而用心去洞察消费者的心理，从心理学的角度来诠释消费者的习惯，品牌人才能比消费者更加了解消费者，永远走在消费者的前面。

在高档餐具的营销中，品牌人李丽面对的是一对夫妻客户，他们也是公司非常重要的客户，对于品牌的影响是不容小觑的。因此，李丽非常重视这两位客户。李丽向他们推荐了一款别致的餐具，餐具的整体外观都让女客户非常动心，想要订购一批，但是价格却让男客户犹豫不决。

李丽看出了女客户的决心以及男客户的动摇，便对男客户说了一句话，让他欣然决定用超出预算的价格订购一批这样的餐具。李丽说了这样的话："如果你订购了这批餐具，你的妻子肯定不会让你洗碗，同样的道理，这批餐具也会赢得好多女消费者的青睐。"李丽正是洞察了客户的矛盾心理，才最终拿下了订单。

再比如，啤酒与尿布的营销案例。在一家超市中，啤酒与尿布摆在一起销售，这样看似没有任何关系的两件产品放在一起竟然产生了很好的营销效果。在美国，在家照顾孩子的妇女通常会叮嘱丈夫下班后买尿布，丈夫在买尿布的同时看到喜欢的啤酒也会顺手拿起来。

如果品牌人没有注意到这两者之间的关系，就不会做出如此明智的营销策略。丈夫的消费是一种附加的消费行为，如果品牌人不能洞察丈夫的心理，站在丈夫的角度考虑问题，就不会出现这样的商机。

因此，在品牌营销中，从心理学的角度出发，去揣摩消费者的消费心理，满足消费者的需求，从而扩大品牌的影响力，从中获得更大的效益。

9.3.2　心理学传播的销售效应

从心理学角度来说，品牌传播的销售效应主要有锚定效应、语义效应、心理效应和价格效应。

1. 锚定效应

如果人们想要对某件事进行定量评估的话，就需要把一些特定数值作为起始数值，起始数值会像锚一样制约着评估值。人们在做决策时，会不经意地过多重视最初获得的信息，这种现象就是锚定效应。

例如，当你打开一个购物软件，在收藏品或者购物车一栏，会看见曾经收藏的产品价格下降了，这会促使你再去看看这件产品，甚至会直接下单。在这种营销过程中，就运用了锚定效应的心理学原理。

2. 语义效应

语义效应就是品牌营销中的"话术"。规避损失，让消费者厌恶"失"，而更加期待"得"。品牌人通过调整说话方式中的"得失感"，从而影响语义，让消费者做出截然不同的决策。

例如，淘宝店的产品价格已经非常优惠了，但是消费者还是在纠结10元的运费。如何让消费者不再纠结？最简单的方法就是包邮，提价之后再包邮。这种语言方式会让消费者更加愿意购买。

3. 心理效应

心理效应指的是某种人或事的行为或者作用会让其他的人或事产生一系列的反应。在营销中采用心理学技巧，能够深入地挖掘消费者的潜在心理，当触发消费者的某一个心理活动时，消费者会不假思索地做出购买反应，这就是营销中的心理效应。

品牌人如果能够熟练地掌握消费者思考以及行为的方式，就会很容易影响到消费者的购买决策。

4. 价格效应

价格效应指的是消费者由于产品价格的变化会不断改变购买量的反应。它又分为替代效应以及收入效应，因为产品价格的变化，往往会产生两种不同的结果：

一种是产品相对价格的变化，使消费者增加了对价格相对便宜产品的购买，而减少了对价格昂贵产品的购买，这种现象被称为替代效应；另一种是消费者实际收入水平的变化引起的对商品需求量的变化，这种现象被称为收入效应。

  品牌人的技能、自我修养，以及借助心理学知识更好地做好品牌，这些都是品牌人素质提升应该学习和具备的。所以，品牌人在工作中，除了要积极做好品牌工作以外，还要多学习这些方面的知识，以便让自己做一个称职的、优秀的品牌人。